Cupcakes

de la PRIMROSE BAKERY

Cupcakes

de la PRIMROSE BAKERY

Martha Swift y Lisa Thomas
Fotografías de Yuki Sugiura

BLUME

Para Daisy y Millie, Thomas y Ned

BLUME

Título original:
Cupcakes from the Primrose Bakery

Fotografía: Yuki Sugiura *
* a excepción de la fotografía de las autoras de la página 8:
Elizabeth Scheder-Bieschin

Ilustraciones: Michael Heath

Diseño: Nicky Collings

Estilismo: Cynthia Inions, Linda Tubby

Edición: Sophie Allen

Traducción:
Ana María Pérez Martínez
Especialista en temas culinarios

Coordinación de la edición en lengua española:
Cristina Rodríguez Fischer

Primera edición en lengua española 2013
Reimpresión 2013

© 2013 Naturart, S. A. Editado por BLUME
Av. Mare de Déu de Lorda, 20
08034 Barcelona
Tel. 93 205 40 00 Fax 93 205 14 41
E-mail: info@blume.net
© 2009 Kyle Cathie Limited, Londres
© 2009 del texto Martha Swift y Lisa Thomas
© 2009 de las fotografías Yuki Sugiura
© 2009 de las ilustraciones Michael Heath

ISBN: 978-84-15317-25-8

Impreso en Italia

WWW.BLUME.NET

Contenido

Introducción

El mes de octubre de 2004 empezamos a preparar *cupcakes* para fiestas de niños en Primrose Hill, en el norte de Londres. Éramos dos madres, ambas con dos niños pequeños, y descubrimos que la clase de dulces que teníamos en mente –de sabor tan delicioso como su aspecto y de aspecto tan deslumbrante como su gusto– no existía en el comercio. Pronto tuvimos claro que los pasteles que preparábamos gustaban tanto a niños como adultos. Sabíamos que los *cupcakes* eran muy populares en Australia y en Estados Unidos, así que ¿por qué no en el Reino Unido?. Se pueden preparar tantos o tan pocos como se precisen y decorarlos de forma extravagante o para el consumo diario. A la mayoría de las personas, sea cual sea su edad, sexo y bagajes, les encantan.

Nuestra idea era muy sencilla. Deseábamos elaborar *cupcakes* con ingredientes naturales, sin emplear aditivos ni colorantes o sabores artificiales. Asimismo, y también muy importante, debían tener un aspecto único y ser totalmente diferentes. Para ello, sabíamos que debíamos encontrar las decoraciones fuera del Reino Unido. Fuimos de Estados Unidos a Italia, a Australia y Filipinas, en busca de decoraciones de azúcar para pasteles originales y atractivas como flores, confites, animales o mariposas. Hemos conseguido decoraciones para cada ocasión festiva, ya sea privada o pública, desde el Día de San Valentín hasta Halloween, y desde el Día de la Madre hasta Navidad.

Nuestros primeros dulces se horneaban en casa, en el horno doméstico de Lisa (siempre repleta de niños), en el tiempo libre que nos quedaba entre acompañar a los niños a la escuela y planchar. Tras vender diariamente nuestros dulces a una tienda de exquisiteces local, Melrose y Morgan, en Primrose Hill, fuimos contactadas por los grandes almacenes Selfridges. Fuimos sus primeros proveedores de *cupcakes* procedentes de una cocina doméstica. Más adelante hemos vendido a Fortnum and Mason, Liberty y otras importantes tiendas de alimentación. Puesto que nuestros *cupcakes* están elaborados con ingredientes naturales, también suministramos a Fresh and Wild.

Muy pronto empezamos a recibir pedidos para fiestas privadas. Al principio se trataba principalmente de fiestas infantiles, bautizos y cumpleaños. Pero rápidamente fuimos recibiendo pedidos para otra clase de eventos, tanto públicos como privados. Hemos realizados almuerzos temáticos, como los basados en *mini-cupcakes* de naranja para el Premio Naranja para Ficción. También hemos suministrado pasteles para los

introducción

diseñadores de la Fashion Week y hemos preparado *cupcakes* para la fiesta del sexagésimo cumpleaños de Elton John. Tenemos el privilegio de trabajar regularmente con marcas de primera línea de la moda británica como Anya Hindmarch, LK Bennett, Millar Harris, Topshop y Paul Smith. Nuestras preparaciones están pensadas a la medida de cada ocasión y las demandas de nuestros clientes. También hemos desarrollado una alternativa al pastel de bodas tradicional, en forma de pirámide de *cupcakes*, glaseados y decorados con flores, tanto de azúcar como frescas. En la actualidad realizamos *caterings* por todo el sur de Inglaterra.

En otoño de 2006 nos dimos cuenta de que habíamos sobrepasado las posibilidades de la cocina de Lisa. Abrimos nuestra primera pastelería y café en Primrose Hill, y horneamos diariamente en el lugar. Deseábamos crear un entorno en armonía con nuestros *cupcakes*. Los clientes nos pedían cruasanes recién horneados, pasteles y pastas mientras degustaban un té o un café excelentes. Los aromas que surgían de la cocina llegaron a todo el vecindario. Nos hemos mantenido fieles a nuestra idea original; todo se hornea y glasea a mano y cada *cupcake* es único. En noviembre de 2008 abrimos nuestra segunda tienda en Tavistock Street en Covent Garden, siguiendo los mismos principios de la primera, horneando todos los pasteles y demás pastas en el sótano, y con una pequeña cafetería para que los clientes puedan degustarlos allí mismo o llevárselos.

Casi cinco años después todavía creemos en nuestra idea de hornear al modo casero y realizar un tipo de pastelería menos industrial. Nuestras recetas son simples y pueden realizarse en una cocina corriente sin tener habilidades ni ningún equipo especial. En este libro mostramos lo fácil que es –en un mundo que cada vez ofrece más y más líneas de productos y embalajes especiales– producir pasteles a la vez deliciosos y atractivos sin ingredientes artificiales. Le recomendamos que emplee productos estacionales de procedencia conocida, pues confieren al producto acabado su toque especial.

No se trata solo de preparar *cupcakes*. Se trata de elaborar algo diferente, de aspecto distinto y sabor diferente. Hablamos de alimentos que tienen un aroma delicioso y que uno desea comer. Los *cupcakes* son apropiados para cualquier ocasión y persona, desde un escolar de cinco años hasta una novia, desde unos orgullosos padres primerizos hasta un cumpleaños de octogenarios. Deseamos demostrarle cómo, si cree en nuestras ideas y sigue estas recetas sencillas, puede resultarle una tarea agradable y compensadora.

Cupcakes básicos

Gran parte del atractivo de los *cupcakes* estriba en la relativa facilidad con la que pueden prepararse, además de su versatilidad. Cuatro recetas básicas de *cupcakes* de bizcocho pueden prepararse en cualquier cantidad, con diferentes cremas de mantequilla y adornarse o no, según la ocasión. Estas recetas básicas son fantásticas para empezar. Tanto si es un pastelero novicio como experimentado, podrá volver una y otra vez a las mismas.

Para obtener un bizcocho para *cupcake* perfecto, siga siempre unas reglas de oro. Primero, utilice siempre ingredientes de calidad y téngalos a temperatura ambiente antes de empezar a mezclarlos. Sea muy preciso al medirlos o pesarlos. Vale la pena invertir en una balanza electrónica para medir correctamente pequeñas cantidades, un medidor en milímetros y en gramos que puede emplearse tanto para ingredientes secos como líquidos. Tamice siempre la harina y la levadura para evitar que queden grumos. Le aconsejamos que utilice una batidora eléctrica manual si le es posible, pues es mucho más fácil y rápido batir los ingredientes y conseguir una buena consistencia, aunque también puede hacerlo a mano si lo desea. Para asegurarse de que todos los ingredientes correctamente medidos finalmente se concentran en un pastel, utilice una espátula de goma para raspar las paredes del cuenco y que la masa quede bien mezclada. También es muy importante ajustar bien la temperatura del horno y los tiempos de cocción, lo cual es válido para casi cualquier producto horneado. No se vea tentado a abrir la puerta del horno mientras cuece los *cupcakes*, pues incluso una pequeña cantidad de aire frío puede hacer que el bizcocho baje. Por último, cuando vaya a desmoldar sus *cupcakes*, déjelos enfriar por completo antes de glasearlos y, si es posible, hágalo el mismo día, pues el bizcocho estará muy fresco. También puede guardar los *cupcakes* en recipientes herméticos antes de glasearlos. Se conservan hasta tres días a temperatura ambiente, pero no los refrigere.

Cupcakes de vainilla

Es nuestro *cupcake* básico; tiene un papel protagonista en nuestra cocina, gracias a su versatilidad puede adornarse y glasearse de diferentes formas aptas para otras tantas ocasiones.

Precaliente el horno a 160 ºC y forre una placa para *muffins* o pastelillos de 12 cavidades con moldes de papel o 3 de 12 minicavidades con moldes de papel más pequeños.

Bata la mantequilla y el azúcar en un cuenco mezclador grande hasta que la preparación blanquee y esté homogénea, precisará 3-5 minutos utilizando una batidora eléctrica manual. Añada los huevos uno a uno, mezclando unos pocos minutos tras cada adición.

Mezcle en otro cuenco ambas harinas. Vierta la leche en una jarra y mézclela con el extracto de vainilla.

Añada un tercio de la mezcla de harina a la de mantequilla batiendo a fondo. Vierta un tercio de la leche y bata de nuevo. Repita estos pasos hasta incorporar toda la harina y la leche.

Vierta la mezcla cuidadosamente en las cavidades de los moldes hasta alcanzar dos tercios de su altura. Hornee unos 25 minutos (tamaño normal) o 15 minutos (tamaño mini) hasta que estén ligeramente dorados e hinchados. Para comprobar si están cocidos, inserte una broqueta en el centro de uno, debe salir limpia.

Retire del horno y deje reposar los pastelillos en los moldes unos 10 minutos antes de volcarlos sobre una rejilla para que se enfríen. Cuando estén completamente fríos, glasee los *cupcakes* con crema de mantequilla a la vainilla, chocolate, lima o coco.

Para 12 *cupcakes* normales
o 36 *minicupcakes*

110 g de mantequilla, a temperatura ambiente
225 g de azúcar blanquilla, preferentemente dorado
2 huevos grandes, preferiblemente orgánicos
150 g de harina con levadura incorporada, tamizada
125 g de harina común, tamizada
120 ml de leche semidesnatada, a temperatura ambiente
1 cucharadita de extracto de vainilla natural

cupcakes básicos

Cupcakes de chocolate

Los *cupcakes* de chocolate siempre tienen éxito, puede prepararlos de tamaño normal o mini, y puede glasearlos con diversas cremas de mantequilla, convirtiéndolos en más deliciosos todavía.

Para 12 *cupcakes* normales o 48 *minicupcakes*

115 g de chocolate negro de calidad (70 %)
85 g de mantequilla, a temperatura ambiente
175 de azúcar moreno blando
2 huevos grandes, ecológicos, separados
185 g de harina, tamizada
¾ de cucharadita de levadura en polvo
¾ de cucharadita de bicarbonato sódico
1 pizca de sal
250 ml de leche semidesnatada, a temperatura ambiente
1 cucharadita de extracto de vainilla natural

Precaliente el horno a 170 ºC y forre una placa para *muffins* de 12 cavidades con moldes de papel o bien 4 placas para *minimuffins* de 12 cavidades con moldes de papel pequeños.

Trocee el chocolate y déjelo derretir. Lo más fácil es ponerlo en un cuenco de plástico en el microondas a potencia media durante 30 segundos, remover e introducir de nuevo en el microondas 30 segundos más, pero debe tener mucho cuidado en no quemarlo. También puede ponerlo en un cuenco refractario dispuesto al baño María sobre un cuenco con agua apenas agitándose. Remueva de vez en cuando hasta que se haya derretido por completo y esté homogéneo. Déjelo enfriar ligeramente.

Bata en un cuenco grande la mantequilla y el azúcar hasta que la mezcla blanquee y esté lisa, necesitará 3-5 minutos con una batidora eléctrica manual. Bata en otro cuenco con una batidora limpia las yemas varios minutos. Agréguelas lentamente a la mezcla anterior y bata bien. Incorpore luego el chocolate derretido sin dejar de batir.

Mezcle en otro cuenco la harina, la levadura, el bicarbonato y la sal. Vierta la leche en una jarra y mézclela con el extracto de vainilla. Añada un tercio de la harina a la mezcla de chocolate y mezcle a fondo. Vierta un tercio de la leche y bata de nuevo. Repita estos pasos hasta incorporar toda la leche y la harina. Bata en un cuenco limpio las claras hasta que empiecen a formar picos firmes. Agregue cuidadosamente las claras a la masa con una cuchara metálica, pero no bata, pues la mezcla perdería aire.

Vierta la preparación cuidadosamente en los moldes hasta dos tercios de su altura. Esta masa es bastante líquida, así que vaya con cuidado. También puede verter la masa en los moldes desde una jarra. Hornee 20-25 minutos (tamaño normal) o 15 minutos (tamaño mini). Para comprobar si están cocidos, inserte una broqueta en el centro de un pastelito; debe salir limpia. Retire del horno y deje enfriar los pasteles en sus moldes unos 10 minutos antes de desmoldarlos sobre una rejilla para que se enfríen. Glaséelos una vez que estén completamente fríos con crema de mantequilla al chocolate, vainilla o café.

Estos *cupcakes* pueden conservare 3 días a temperatura ambiente en un recipiente hermético antes de glasearlos. Son muy jugosos, por lo que se conservan bien si se guardan correctamente.

Cupcakes de limón

Estos *cupcakes* de limón son siempre muy populares en nuestra tienda, así como en bodas y comuniones. Asegúrese de que emplea limones muy jugosos para obtener el máximo sabor.

Precaliente el horno a 160 ºC y forre una placa para *muffins* o pastelillos de 12 cavidades con moldes de papel o 3 de 12 minicavidades con moldes de papel más pequeños.

Bata la mantequilla y el azúcar en un cuenco grande mezclador hasta que la preparación blanquee y esté homogénea, precisará 3-5 minutos utilizando una batidora eléctrica manual. Añada los huevos uno a uno, mezclando unos pocos minutos tras cada adición.

Mezcle en otro cuenco ambas harinas y remueva en una jarra la leche, el zumo de limón y la crema agria. Añada un tercio de las harinas a la mezcla cremosa batiendo bien. Vierta un tercio de la leche y bata de nuevo. Repita estos pasos hasta que haya incorporado toda la harina y la leche. Agregue la cáscara de limón con el último tercio de harina. No se preocupe si la mezcla empieza a cortarse; añada simplemente otra cucharada de harina común y bata bien.

Vierta la mezcla cuidadosamente en las cavidades de los moldes hasta alcanzar dos tercios de su altura. Hornee unos 25 minutos hasta que estén ligeramente dorados e hinchados. Para comprobar que están cocidos, inserte una broqueta en el centro de uno; debe salir limpia.

Retire del horno y deje reposar los pastelillos en los moldes unos 10 minutos antes de volcarlos sobre una rejilla para que se enfríen. Cuando estén completamente fríos, glasee los *cupcakes* con crema de mantequilla al limón (*véase* página 31) y decore con una rodaja confitada de limón (producto comercial) o un poco de cáscara de limón finamente rallada.

Para 12 *cupcakes* normales

110 g de mantequilla, a temperatura ambiente
225 g de azúcar blanquilla, preferiblemente dorada
2 huevos grandes, preferiblemente orgánicos
150 g de harina con levadura, tamizada
125 g de harina común, tamizada
90 ml de leche semidescremada, a temperatura ambiente
2 cucharadas de zumo de limón, fresco
1 cucharada de crema agria
la cáscara rallada de 1 limón (1 cucharadita)

Cupcakes de zanahoria

Estos pastelillos con zanahorias y pasas son realmente buenos. Pueden degustarse calientes por la mañana, o recubiertos con un glaseado de queso crema a la naranja (*véase* página 35). También son perfectos para una merienda poco dulce.

Precaliente el horno a 160 ºC y forre una placa para *muffins* o pastelillos de 15 cavidades con moldes de papel.

Ralle finamente las zanahorias y exprima el líquido. Mézclelas en un cuenco grande con las pasas con una cuchara de madera y reserve.

Bata unos minutos en un cuenco grande los huevos y el azúcar, luego incorpore el aceite, el extracto de vainilla, la cáscara de naranja y bata bien.

Tamice sobre otro cuenco la harina, el bicarbonato, la sal y la canela, e incorpórelos gradualmente a la mezcla de huevo y azúcar, batiendo bien tras cada adición. Vierta sobre el cuenco de las zanahorias y la masa mezclando con una cuchara o espátula de madera hasta que todo esté bien amalgamado.

Vierta la mezcla cuidadosamente en las cavidades del molde hasta alcanzar dos tercios de su altura. Hornee unos 25 minutos; los *cupcakes* deben quedar bastante oscuros y esponjosos al tacto. Retírelos del horno y déjelos enfriar en sus moldes unos 10 minutos antes de volcarlos sobre una rejilla para que se enfríen.

Estos *cupcakes* parecen ligeramente más pequeños que los de otras recetas, aunque son más jugosos. Si va a glasearlos con el glaseado de crema de queso a la naranja, quedan muy bien espolvoreados con canela.

Para unos 15 *cupcakes* normales

225 g de zanahorias, peladas
  y recortadas
130 g de uvas pasas
2 huevos grandes, preferiblemente
  orgánicos
130 g de azúcar blanquilla,
  preferiblemente dorada
120 ml de aceite de maíz
½ cucharadita de extracto
  de vainilla natural
la cáscara rallada de 1 naranja
  (necesitará 2 cucharaditas)
120 g de harina
1 cucharadita de bicarbonato sódico
1 pizca de sal
1 cucharadita de canela molida

Glaseados básicos

El secreto de un glaseado perfecto de crema de mantequilla consiste en batir la mezcla mucho tiempo (preferiblemente con una batidora eléctrica manual), lo cual puede llevar mucho más tiempo del que se imagina. Bata la crema varios minutos hasta que esté bien lisa y cremosa. Si tamiza el azúcar lustre, obtendrá una buena consistencia.

Los ingredientes para estas seis cremas de mantequilla básicas son sencillos, pero debe escoger un extracto de vainilla, un chocolate negro y un café instantáneo de calidad, y cítricos maduros y jugosos para obtener un resultado realmente fantástico.

El glaseado de crema de mantequilla debe guardarse en un recipiente hermético a temperatura ambiente, pero no el de crema de queso, y nunca refrigerado. Se conserva bien hasta tres días, por lo que puede usarse con un tipo de bizcocho un día y con otro diferente al siguiente. Simplemente bata de nuevo el glaseado con la batidora eléctrica o una cuchara de madera para obtener la consistencia correcta antes de emplearlo.

Cómo glasear un cupcake

Con la práctica conseguirá unos *cupcakes* perfectamente glaseados. Es más difícil de lo que parece. Esta guía paso a paso le ayudará a conseguir un resultado perfecto.

1 Para mantener la consistencia del glaseado de crema de mantequilla lo más fina posible, bátalo con una batidora eléctrica manual antes de empezar. Entre el glaseado de uno y otro *cupcake*, remuévalo con un cuchillo.

2 Empiece retirando la mayor cantidad posible de crema de mantequilla con un cuchillo paleta y colóquela en el centro del *cupcake*.

3 Mantenga el cuchillo de manera que la cara plana quede en contacto con la crema de mantequilla, y trabaje el glaseado desplazándolo a un extremo del *cupcake*, empujándolo con toques breves (*véase* superior izquierda).

4 Recoja más crema de mantequilla y repita el paso 3, pero esta vez llevando el glaseado hacia el extremo opuesto del *cupcake* (*véase* superior derecha).

5 Añada otra tanda de glaseado al *cupcake* uniendo los extremos, a la vez que forma un pico central con el resto (*véase* inferior izquierda).

6 Sumerja el extremo del cuchillo en el centro del *cupcake* glaseado en dirección contraria a las agujas del reloj, realizando un movimiento circular para crear un efecto arremolinado (*véase* inferior derecha).

7 Decore el *cupcake* a su gusto. Asegúrese de espolvorearlos con confites enseguida, pues de lo contrario el glaseado cuajará un poco, lo que hará que la decoración no quede bien adherida.

paso a paso

glaseados básicos

Glaseado de crema de mantequilla a la vainilla

Es nuestro glaseado favorito, además del más tradicional. Sencillo y sin adornos, es perfecto para muchos de nuestros *cupcakes* y pasteles a capas, pero puede colorearlo un poco si lo desea. No queremos dejar de remarcar que el sabor y la consistencia dependen de la calidad de los ingredientes, por lo que siempre debe comprar los mejores.

Bata en un cuenco mezclador grande la mantequilla, la leche, el extracto de vainilla y la mitad del azúcar para glasear hasta que la mezcla esté homogénea. Puede necesitar varios minutos con una batidora eléctrica manual. Añada gradualmente la mitad del azúcar lustre y bata de nuevo hasta que la crema de mantequilla esté lisa y cremosa.

Si desea colorearla, empiece siempre con una gota de colorante y bata a fondo. Esto es todo lo que necesita para obtener un tono pastel. Añádalo cuidadosamente, gota a gota, batiendo bien tras cada adición hasta obtener el tono requerido.

Para glasear de 15-20 *cupcakes* normales o 60 *minicupcakes*

110 g de mantequilla, a temperatura ambiente
60 ml de leche semidesnatada, a temperatura ambiente
1 cucharadita de extracto de vainila natural
500 g de azúcar lustre, tamizado
unas gotas de colorante alimentario (opcional)

glaseados básicos

Glaseado de crema de mantequilla al chocolate

Esta crema de mantequilla al chocolate es rica y untuosa. Es irresistible, cualquier preparación glaseada con ella desaparece rápidamente y gusta a niños y adultos. Utilícela generosamente sobre *cupcakes* y pasteles a capas para obtener un capricho de chocolate.

Derrita el chocolate en un cuenco o jarra de plástico en el microondas hasta que esté homogéneo y tenga una consistencia de vertido. La regla general sería hacerlo a intervalos de 30 segundos en el microondas a potencia media, removiendo de vez en cuando para evitar que el chocolate se queme. También puede derretirlo en un cuenco refractario dispuesto sobre un cazo con agua apenas agitándose. Remueva de vez en cuando hasta que se haya disuelto por completo y casi esté liso. Déjelo enfriar ligeramente.

Bata en un cuenco mezclador grande la mantequilla, la leche, la vainilla y el azúcar lustre hasta obtener una preparación homogénea; lleva varios minutos con la batidora eléctrica manual. Si tiene un aspecto demasiado líquido en el momento de glasear, simplemente siga batiendo pues así se espesará y mejorará su consistencia.

Para glasear 15-20 *cupcakes* normales o 50 *minicupcakes*

175 g de chocolate negro de calidad (70 %)

225 g de mantequilla, a temperatura ambiente

1 cucharada de leche semidescremada, a temperatura ambiente

1 cucharadita de extracto de vainilla natural

250 g de azúcar lustre, tamizado

Glaseado de crema de mantequilla al limón

Esta crema de mantequilla al limón complementa perfectamente nuestros *cupcakes* de limón o un pastel a capas. Su toque cítrico es el fondo perfecto para el bizcocho. También tiene un aroma delicioso.

Bata en un cuenco mezclador grande la mantequilla, el zumo de limón, la cáscara y la mitad del azúcar lustre hasta obtener una mezcla homogénea; utilice para ello una batidora eléctrica manual. Agregue gradualmente el resto del azúcar lustre y bata de nuevo hasta que la crema esté homogénea y cremosa.

Utilice este glaseado con los *cupcakes* de limón (*véase* página 19) o para rellenar y recubrir el pastel de limón a capas (*véase* página 134).

Para glasear 15-20 *cupcakes* normales o 1 pastel a capas

110 g de mantequilla, a temperatura ambiente
2 cucharadas de zumo de limón fresco
la cáscara rallada de 1-2 limones sin tratar (2 cucharaditas)
500 g de azúcar lustre, tamizado

Glaseado de crema de mantequilla al café

Esta es una verdadera crema de mantequilla al café, con el sabor pleno de un buen café espreso en polvo. Es todo un éxito para realzar nuestros *cupcakes* de chocolate (*véase* página 16).

150 g de mantequilla, a temperatura
    ambiente
1 cucharada de leche semidescremada,
    a temperatura ambiente
2 cucharadas de café espresso
    en polvo, disuelto en un
    poco de agua caliente
350 g de azúcar lustre, tamizado

Bata en un cuenco mezclador grande la mantequilla, la leche, el café y la mitad del azúcar lustre hasta conseguir una pasta homogénea. Puede necesitar varios minutos con una batidora eléctrica manual. Agregue poco a poco el resto del azúcar lustre hasta obtener una consistencia homogénea y cremosa.

Glaseado de queso crema a la naranja

No tan dulce, pero no menos delicioso que nuestros glaseados de crema de mantequilla tradicionales. Es una elección natural para los *cupcakes* de zanahoria, pero también queda estupendo en los de confitura de naranja (*véase* página 44).

Ponga todos los ingredientes en un cuenco mezclador y bata hasta que estén bien amalgamados y la crema blanquee y esté homogénea. Puede necesitar varios minutos con la batidora eléctrica.

El glaseado de queso crema debe guardarse en la nevera, donde se conserva bien. Antes de reutilizarlo deje que esté a temperatura ambiente y bata de nuevo.

Para glasear 15-20 *cupcakes* normales o 60 *minicupcakes*

175 g de queso crema
450 g de azúcar lustre, tamizado
125 g de mantequilla, a temperatura ambiente
la cáscara rallada de 1 naranja

Crema de mantequilla de lima y coco

Para un sabor más exótico, esta combinación de lima fresca y coco siempre satisface. Queda fantástica en los *cupcakes* de vainilla, pero también puede probarla en los de jengibre (*véase* página 83).

Para glasear 15-20 *cupcakes* normales o 60 *minicupcakes*

115 g de mantequilla, a temperatura ambiente
2 cucharadas de zumo de lima fresca
la cáscara rallada de 1-2 limas (2 cucharaditas)
500 g de azúcar lustre, tamizado
1 puñado de coco seco rallado, para decorar

Bata en un cuenco grande mezclador la mantequilla, el zumo y la cáscara de lima y la mitad del azúcar lustre hasta que la mezcla esté homogénea y cremosa. Puede necesitar varios minutos con una batidora eléctrica manual. Agregue gradualmente el resto del azúcar lustre y bata hasta que la crema esté espesa y densa.

Utilice este glaseado en los *cupcakes* de vainilla y finalice espolvoreándolos con el coco. El glaseado cuajará ligeramente, por lo que debe incorporar el coco de golpe.

consejo

Para una ocasión especial puede adornar los *cupcakes* con orquídeas, pues la belleza de estas flores exóticas armoniza con los pastelitos.

Festivos y estacionales

En las páginas siguientes encontrará ideas para cupcakes estacionales así como para celebraciones y días especiales a lo largo del año. Naturalmente, no tiene por qué reservar estos *cupcakes* para las ocasiones sugeridas, aunque algunas de las recetas llevan ingredientes estacionales, como fresas en los meses primaverales y arándanos por Navidad. Puede seguir sus propios gustos para decorarlos y para que armonicen con cualquier ocasión en particular. Aunque no hay necesidad alguna de decorarlos si desea agasajarse cualquier día de la semana.

La preparación de algunos de estos *cupcakes* y glaseados es un poco más compleja que las recetas precedentes, pero cualquiera puede hacerlos y disfrutarlos. No se olvide de la importancia de utilizar ingredientes de la máxima calidad y de tener paciencia.

Cupcakes de miel y granola

Al empezar el año nuevo es bueno despojarse un poco de los excesos festivos. Se sentirá bien preparando algo saludable en su cocina, especialmente si emplea los ingredientes integrales de esta receta. Además de dispensar energía durante todo el día, estos *cupcakes* son deliciosos. Puede tomarlos calientes para el desayuno, acompañados simplemente con miel y mantequilla, o recubiertos con un glaseado de queso crema.

Para unos 12 *cupcakes* normales

120 g de mantequilla, a temperatura ambiente
120 g de azúcar moreno blando
175 g de miel clara
2 huevos grandes, preferentemente orgánicos
220 g de harina común, tamizada
½ cucharadita de bicarbonato sódico
½ cucharadita de levadura en polvo
½ cucharadita de sal
65 ml de leche semidescremada, a temperatura ambiente
½ cucharadita de extracto de vainilla
65 ml de yogur descremado
250 g de *granola* (*muesli* de cereales y frutos secos enteros, si es posible)

Precaliente el horno a 160 ºC y forre una placa de *muffins* de 12 cavidades con moldes de papel del tamaño adecuado.

Bata en un cuenco mezclador grande la mantequilla, el azúcar y la miel hasta que la mezcla blanquee y esté esponjosa; necesitará 2-3 minutos utilizando una batidora eléctrica manual. Añada los huevos uno a uno, mezclando unos pocos minutos tras cada adición.

Mezcle en otro cuenco la harina, el bicarbonato, la levadura y la sal. Mezcle en una jarra la leche, el extracto de vainilla y el yogur. Añada un tercio de la mezcla de harina a la cremosa y bata bien. Vierta un tercio de la leche y el yogur, y bata de nuevo. Repita estos pasos hasta que haya incorporado toda la harina y la leche. Incorpore cuidadosamente la *granola*.

Transfiera la mezcla a los moldes, llenándolos a dos tercios de su altura. Hornee unos 25 minutos hasta que estén dorados. Para comprobarlo, inserte una broqueta en el centro de un *cupcake*; debe salir limpia.

Retire del horno y deje enfriar los *cupcakes* unos 10 minutos en sus moldes. Sírvalos calientes con mantequilla y miel o con un poco de glaseado de queso crema (*véase* página 35) preparado sin la cáscara de naranja.

Cupcakes de arándanos y polenta

Esta preparación se encuentra a medio camino entre un *muffin* y un *cupcake*. Funciona perfectamente para el desayuno, el té o como un tentempié. La polenta aporta un toque crujiente que se complementa con el sabor delicioso y el color de los arándanos.

Precaliente el horno a 160 ºC y forre 1 o 2 placas de *muffins* de 12 cavidades con moldes de papel del tamaño adecuado.

Bata en un cuenco mezclador grande la mantequilla y los azúcares hasta que la mezcla blanquee y esté esponjosa; necesitará 2-5 minutos utilizando una batidora eléctrica manual. Añada los huevos uno a uno, mezclando unos pocos minutos tras cada adición.

Mezcle en otro cuenco la harina, la polenta, el bicarbonato, la levadura y la sal. Añada un tercio de la mezcla de harina a la mezcla cremosa y bata hasta que estén justo combinadas. Vierta la mitad del suero hasta que todo esté justo combinado. Repita estos pasos hasta que haya incorporado toda la harina y el suero. Incorpore cuidadosamente los arándanos.

Transfiera la mezcla a los moldes, llenándolos a dos tercios de su altura. Hornee unos 25 minutos, hasta que hayan subido ligeramente y estén dorados. Para comprobarlo, inserte una broqueta en el centro de un *cupcake*; debe salir limpia.

Retire del horno y deje enfriar los *cupcakes* unos 10 minutos en sus moldes. Sírvalos calientes, quizás con mantequilla y arándanos frescos. Puede recubrir los *cupcakes* con un poco de glaseado de azúcar antes de servir.

Para unos 14 *cupcakes* normales

110 g de mantequilla, a temperatura ambiente
110 g de azúcar demerara
120 g de azúcar moreno blando
2 huevos grandes, preferiblemente orgánicos
160 g de harina, tamizada
140 g de polenta molida fina
½ cucharadita de bicarbonato sódico
½ cucharadita de levadura en polvo
½ cucharadita de sal
125 ml de suero
130 g de arándanos, frescos o congelados, a temperatura ambiente
azúcar lustre, para espolvorear (opcional)

consejo

Para evitar que los arándanos queden en el fondo de los *cupcakes*, enharínelos ligeramente antes de mezclarlos con la masa.

Cupcakes de Frances de confitura de naranja y pacanas

Estos *cupcakes* deliciosos fueron ideados por uno de nuestros chefs, Frances Money, para un desayuno indicado para los días invernales tras Navidad, cuando todos deseamos comer de forma más saludable tras las fiestas. Son ideales para iniciar el día, recién sacados del horno y quizás con un poco de confitura para acompañar.

Para unos 12 *cupcakes* normales

55 g de mantequilla, derretida
    y enfriada
125 ml de aceite de maíz
60 ml de zumo de naranja
    (aproximadamente, 1 pequeña)
la cáscara rallada de la naranja
80 g de confitura de naranja gruesa
¼ de cucharadita de extracto de
    vainilla natural
250 g de harina, tamizada
1 cucharadita de bicarbonato sódico
½ de cucharadita de sal
2 huevos grandes, orgánicos
180 g de azúcar moreno blando
60 g de pacanas, tostadas en la placa
    del horno unos minutos y picadas

Para decorar
Confitura de naranja extra
    (ligeramente calentada para poder
    extenderla)
Pacanas tostadas, picadas (opcional)

Precaliente el horno a 160 °C y forre una placa de *muffins* de 12 cavidades con moldes de papel del tamaño adecuado.

Bata en un cuenco mezclador grande la mantequilla, el aceite de maíz, el zumo de naranja, su cáscara, la confitura y el extracto de vainilla. Reserve.

Mezcle en otro cuenco la harina, el bicarbonato y la sal y reserve. Bata los huevos y el azúcar en un cuenco grande con la batidora eléctrica manual hasta que la mezcla blanquee y esté esponjosa y un poco densa. Incorpore lentamente la mantequilla, el aceite y la mezcla de zumo, manteniendo la batidora a velocidad lenta, hasta que todo esté bien mezclado.

Añada un tercio de la mezcla de harina a la de huevos, azúcar y aceite, y bata hasta que estén justo combinados. Vierta otro tercio de la harina y bata de nuevo. Repita con el último tercio de harina y bata hasta que la masa esté justo cohesionada. Agregue las pacanas con cuidado.

Transfiera la mezcla a los moldes, llenándolos a dos tercios de su altura. Hornee unos 25 minutos hasta que hayan subido ligeramente y estén dorados. Para comprobarlo, inserte una broqueta en el centro de un *cupcake*; debe salir limpia.

Retire del horno y, mientras los *cupcakes* todavía estén calientes, cubra cada uno con 1 cucharadita de confitura y extiéndala por encima. Esparza más pacanas si lo desea. Sirva enseguida, si es posible.

día de San Valentín

Cupcakes de rosas

Adornados con una crema de mantequilla de color rosa y pétalos de rosas frescos o azucarados, estos *cupcakes* deliciosos quedan muy románticos. Un regalo perfecto para los seres queridos el día de San Valentín.

Para 12 *cupcakes* normales

110 g de mantequilla, a temperatura
    ambiente
225 g de azúcar blanquilla,
    preferentemente dorado
2 huevos grandes, preferiblemente
    orgánicos
150 g de harina con levadura,
    tamizada
125 g de harina común, tamizada
½ cucharadita de agua de rosas
    de calidad, o al gusto
120 ml de leche semidesnatada,
    a temperatura ambiente

Para decorar
1 tanda de glaseado de crema
    de mantequilla a la rosa
Pétalos de rosa cristalizados
    u otra decoración apropiada

Precaliente el horno a 160 ºC y forre una placa de *muffins* de 12 cavidades con moldes de papel del tamaño adecuado.

Bata en un cuenco mezclador grande la mantequilla y el azúcar hasta que la mezcla blanquee y esté esponjosa; necesitará 3-5 minutos utilizando una batidora eléctrica manual. Añada los huevos uno a uno, mezclando unos pocos minutos tras cada adición.

Mezcle en otro cuenco las harinas. Mezcle en una jarra un poco de agua de rosas con la leche, y pruebe: el agua de rosas varía en potencia, por lo que debe probar la mezcla y ajustar su cantidad en consecuencia. Añada un tercio de la mezcla de harinas a la cremosa y bata bien. Vierta un tercio de la leche y bata de nuevo. Repita estos pasos hasta que haya incorporado toda la harina y la leche.

Transfiera la mezcla a los moldes, llenándolos a dos tercios de su altura. Hornee unos 25 minutos, hasta que hayan subido ligeramente y estén dorados. Para comprobarlo, inserte una broqueta en el centro de un *cupcake*; debe salir limpia.

Retire del horno y deje enfriar los *cupcakes* unos 10 minutos en sus moldes. Luego colóquelos con cuidado sobre una rejilla metálica para que se enfríen. Glaséelos cuando estén fríos con el glaseado de crema de mantequilla a la rosa y esparza por encima la decoración; pétalos de rosa cristalizados, flores de azúcar, confites... elija usted mismo.

Glaseado de crema de mantequilla a la rosa

Esta crema de mantequilla, perfumada con agua de rosas, es una adaptación de nuestra crema de mantequilla a la vainilla. Al añadir cuidadosamente el agua de rosas se puede obtener un sabor más o menos pronunciado. Es perfecto para nuestros *cupcakes* de rosas (*véase* página 46). Este glaseado también puede usarse para los *cupcakes* de vainilla (*véase* página 15) o de naranja (*véase* página 52).

Bata en un cuenco grande mezclador la mantequilla, la leche, el extracto de vainilla y la mitad del azúcar lustre hasta obtener una mezcla homogénea. Puede necesitar varios minutos si emplea una batidora eléctrica manual. Incorpore gradualmente el resto del azúcar lustre y bata de nuevo hasta que la crema de mantequilla esté homogénea y cremosa. Añada el agua de rosas al final y bata a fondo. Pruebe para comprobar si está suficientemente aromatizada.

Para colorear, añada una gota de colorante rosa alimentario sin dejar de batir.

Para glasear 15-20 *cupcakes* normales o 60 *minicupcakes*

115 g de mantequilla, a temperatura ambiente
4 cucharadas de leche semidescremada, a temperatura ambiente
1 cucharadita de extracto de vainilla natural
500 g de azúcar lustre, tamizado
½ cucharadita de agua de rosas, al gusto
colorante rosa alimentario (opcional)

Cupckes de chocolate y licor

Como alternativa a los delicados *cupcakes* de rosa, estos a base de trufa de chocolate y licor son un regalo ideal. Hemos sugerido unas trufas al champán para decorar, pero puede utilizar cualquier variedad de trufa que desee.

Prepare los *cupcakes* de chocolate de la forma usual, utilizando sólo 90 ml de leche, y mezcle con el licor de frambuesas.

Cuando los *cupcakes* estén completamente fríos, glaséelos con crema de mantequilla al chocolate, luego coloque en el centro una trufa. Presiónela suavemente hacia abajo para que no se caiga.

Para 16 *cupcakes* normales

1 tanda de *cupcakes* de chocolate
   (***véase*** **página 16**)
2 cucharadas de licor de frambuesas

Para decorar
1 tanda de glaseado de crema
   de mantequilla al chocolate
   (***véase*** **página 29**)
16 trufas de champán

Cupcakes de naranja

Puede preparar estos *cupcakes* para la merienda del día de la Madre. Sírvalos con tazas de porcelana antigua y flores frescas primaverales, aacompañando una taza de té fragante como el de jazmín o el *lapsang souchong*.

Para 12 *cupcakes* normales

110 g de mantequilla, a temperatura
    ambiente
225 g de azúcar blanquilla,
    preferiblemente dorado
2 huevos grandes, preferiblemente
    orgánicos
150 g de harina con levadura,
    tamizada
125 g de harina, tamizada
90 ml de leche semidescremada,
    a temperatura ambiente
2 cucharadas de zumo de naranja
    fresco
la cáscara rallada de 1 naranja
    (1 cucharadita)

Para decorar
1 tanda de glaseado de crema
    de mantequilla a la naranja
flores de azúcar naranja

Precaliente el horno a 160 ºC y forre una placa de *muffins* de 12 cavidades con moldes de papel del tamaño adecuado.

Bata en un cuenco mezclador grande la mantequilla y el azúcar hasta que la mezcla blanquee y esté esponjosa, necesitará 3-5 minutos utilizando una batidora eléctrica manual. Añada los huevos uno a uno, mezclando unos pocos minutos tras cada adición.

Mezcle en otro cuenco las harinas. Añada un tercio de la mezcla de harinas a la mezcla cremosa y bata bien. Vierta la mitad de la leche y bata de nuevo. Añada otro tercio de la harina y bata. Bata con el resto de la leche y todo el zumo de naranja. Por último, incorpore el último tercio de harina y la cáscara de naranja y bata bien. Si la mezcla parece que se corta ligeramente, no se preocupe, añada simplemente otra cucharada de harina común y mezcle.

Transfiera la mezcla a los moldes, llenándolos a dos tercios de su altura. Hornee unos 25 minutos, hasta que estén ligeramente dorados. Para comprobarlo, inserte una broqueta en el centro de un *cupcake*; debe salir limpia.

Retire del horno y deje enfriar los *cupcakes* unos 10 minutos en sus moldes. Luego colóquelos con cuidado sobre una rejilla metálica para que se enfríen. Cuando estén completamente fríos, glaséelos con la crema de mantequilla a la naranja y decore con flores de azúcar naranja, cáscara de naranja o, si tiene suerte, con flores de azahar frescas.

Glaseado de crema de mantequilla al agua de azahar

Mezcle en un cuenco grande la mantequilla, el zumo y la mitad del azúcar lustre hasta obtener una mezcla homogénea. Agregue gradualmente el resto del azúcar lustre y siga batiendo hasta que la preparación esté cremosa y homogénea. Añada el agua de azahar y bata de nuevo. Pruebe el glaseado para ver si está suficientemente aromatizado, y si fuese necesario vierta un poco más de agua de azahar.

Para glasear 12-15 *cupcakes* normales

115 g de mantequilla, a temperatura ambiente
2 cucharadas de zumo de naranja fresco
500 g de azúcar lustre, tamizado
1-2 cucharaditas de agua de azahar (intente que sea concentrada)

día de la madre

Cupcakes al Earl Grey

El delicado sabor a bergamota del té Earl Grey intensifica esta preparación. Si le gusta el té y prefiere otra variedad, puede sustituirla. Creemos que estos *cupcakes* son ideales para degustar el día de la madre. Además, quedan muy bonitos en el centro de una mesa dispuesta para el té.

Para unos 12 *cupcakes* normales

125 ml de leche semidescremada, a temperatura ambiente
4 bolsitas de té Earl Grey
110 g de mantequilla, a temperatura ambiente
225 g de azúcar granulado
½ cucharadita de extracto de almendras (opcional)
2 huevos grandes, preferentemente orgánicos
125 g de harina con levadura, tamizada
120 g de harina común, tamizada

Para decorar (opcional)
1 tanda de glaseado de crema de mantequilla a la vainilla (*véase* página 26), coloreada de lila
Azúcar granulado o flores de azúcar.

Precaliente el horno a 160 ºC y forre una placa de *muffins* de 12 cavidades con moldes de papel del tamaño adecuado.

Caliente la leche en un cazo a fuego medio hasta que justo empiece a hervir. Retire del fuego y agregue las bolsitas de té. Cubra con película de plástico y deje en infusión unos 30 minutos; tire las bolsitas de té.

Bata en un cuenco mezclador grande la mantequilla y el azúcar hasta que la mezcla blanquee y esté esponjosa; necesitará 3-5 minutos utilizando una batidora eléctrica manual. Añada el extracto de almendras, si lo emplea, y los huevos uno a uno, mezclando unos pocos minutos tras cada adición.

Mezcle en otro cuenco las harinas. Añada un tercio de la mezcla de harinas a la mezcla cremosa y bata bien. Vierta un tercio de la leche infusionada y bata de nuevo. Repita estos pasos hasta que haya incorporado toda la harina y la leche.

Transfiera la mezcla a los moldes, llenándolos a dos tercios de su altura. Hornee unos 25 minutos, hasta que hayan subido ligeramente y estén dorados. Para comprobar si están cocidos, inserte una broqueta en el centro de un *cupcake*; debe salir limpia.

Retire del horno y deje enfriar los *cupcakes* unos 10 minutos en sus moldes. Luego colóquelos con cuidado sobre una rejilla metálica para que se enfríen. Cuando estén completamente fríos, glaséelos con la crema de mantequilla lila y esparza por encima un poco de azúcar granulado y flores de azúcar.

Cupcakes de café

Estos *cupcakes* no llevan esencia de café, sino café espreso granulado. Son ideales para regalar el día de la madre o, en tamaño pequeño para la sobremesa. Cubiertos con nueces o granos de café de chocolate son realmente para adultos.

Precaliente el horno a 160 ºC y forre una placa de *muffins* de 12 cavidades con moldes de papel del tamaño adecuado.

Bata en un cuenco mezclador grande la mantequilla y los azúcares hasta que la mezcla blanquee y esté esponjosa; necesitará 3-5 minutos utilizando una batidora eléctrica manual. Agregue los huevos uno a uno, mezclando unos pocos minutos tras cada adición. No se preocupe si la mezcla se corta tras añadir los huevos, pues no tiene consecuencias.

Mezcle en otro cuenco las harinas. Mezcle en una jarra el extracto de vainilla y el café en polvo. Añada un tercio de la mezcla de harinas a la mezcla cremosa y bata bien. Vierta un tercio de la leche y bata de nuevo. Repita estos pasos hasta que haya incorporado toda la harina y la leche.

Transfiera la mezcla a los moldes, llenándolos a dos tercios de su altura. Hornee unos 25 minutos (tamaño normal) o 15 (tamaño pequeño), hasta que hayan subido ligeramente y estén dorados. Para comprobar si están cocidos, inserte una broqueta en el centro de un *cupcake*; debe salir limpia.

Retire del horno y deje enfriar los *cupcakes* unos 10 minutos en sus moldes. Luego colóquelos con cuidado sobre una rejilla metálica para que se enfríen.

Cuando estén completamente fríos, glaséelos con la crema de mantequilla al café y decórelos con nueces o granos de café de chocolate.

Para 12 *cupcakes* normales
o 36 *minicupcakes*

110 g de mantequilla, a temperatura ambiente
110 g de azúcar demerara
120 g de azúcar moreno blando
2 huevos grandes, preferentemente orgánicos
125 g de harina con levadura, tamizada
120 de harina común, tamizada
¼ de cucharadita de extracto de vainilla natural
1 cucharada de café espresso instantáneo
125 ml de leche semidescremada, a temperatura ambiente

Para decorar
1 tanda de glaseado de crema de mantequilla al café (*véase* página 32)
Nueces o granos de café de chocolate

Cupcakes de barritas Mars

Estos tentadores *cupcakes* son populares tanto entre niños como entre adultos. No son realmente unos *cupcakes*, pero son muy fáciles de preparar y quedan fantásticos con decoraciones pascuales. Es muy difícil comer solo uno.

Para 10 *cupcakes* normales
o 30 *minicupcakes*

50 g de mantequilla, a temperatura ambiente
2 cucharadas de jarabe de melaza dorado (Goldey Syrup)
260 g de barritas Mars, picadas a trozos de 1 cm
150 g de Corn Flakes

Para decorar
1 tanda de glaseado de crema de mantequilla al chocolate (*véase* página 29)
Pollitos, conejitos o huevos de chocolate pequeños

Forre una placa de muffins de 12 cavidades con moldes de papel del tamaño adecuado.

Derrita en un cazo la mantequilla y el jarabe de melaza a fuego muy lento, removiendo sin cesar. Agregue las barritas Mars picadas y siga removiendo hasta que se hayan derretido. Retire del fuego y mezcle con los Corn Flakes; no haga demasiada fuerza, pues los rompería.

Presione una cucharada de la mezcla en el fondo de cada molde y deje enfriar y cuajar. Cuando estén fríos, ponga un poco de glaseado de crema de mantequilla al chocolate en el centro de cada *cupcake* y decore con un pollito, conejo o un huevo de chocolate pequeño.

Estos *cupcakes* se pueden conservar en un recipiente hermético hasta 3 días.

Cupcakes de caramelo

Una alternativa suntuosa a nuestros *cupcakes* pascuales. Son deliciosos para un frío día invernal y, una vez glaseados con nuestra crema de mantequilla al caramelo, pueden decorarse con chocolate crujiente o trozos de *toffee*.

Precaliente el horno a 160 ºC y forre una placa de *muffins* de 12 cavidades o 3 placas de 12 *minimuffins* con moldes de papel del tamaño adecuado. Si va a preparar su propia salsa de caramelo, hágala primero, pues debe enfriarse antes de su empleo.

Bata en un cuenco mezclador grande la mantequilla y los azúcares hasta que la mezcla blanquee y esté esponjosa; necesitará 3-5 minutos utilizando una batidora eléctrica manual. Agregue los huevos uno a uno, mezclando unos pocos minutos tras cada adición. Añada el extracto de vainilla.

Mezcle en otro cuenco las harinas. Añada un tercio de la mezcla de harinas a la mezcla cremosa y bata bien hasta que la mezcla se cohesione. Incorpore la salsa caramelo y mezcle bien. Añada otro tercio de harina y bata hasta que justo se incorpore. Incorpore la crema de leche y bata de nuevo. Añada el resto de harina y bata hasta que todo esté bien mezclado.

Transfiera la mezcla a los moldes, llenándolos a dos tercios de su altura. Hornee unos 25 minutos, hasta que hayan subido ligeramente y estén dorados. Para comprobar si están cocidos, inserte una broqueta en el centro de un *cupcake*; debe salir limpia.

Retire del horno y deje enfriar los *cupcakes* unos 10 minutos en sus moldes. Luego colóquelos con cuidado sobre una rejilla metálica para que se enfríen.

Cuando estén completamente fríos, glaséelos con la crema de mantequilla al caramelo y decórelos con un par de barritas de chocolate troceadas.

Para 12 *cupcakes* normales

110 g de mantequilla, a temperatura ambiente
120 g de azúcar moreno claro blando
120 g de azúcar moreno oscuro blando
2 huevos grandes, preferiblemente orgánicos
½ cucharadita de extracto de vainilla natural
125 g de harina con levadura, tamizada
120 g de harina, tamizada
75 g de salsa caramelo, preparada, o *véase* página 64
50 ml de crema de leche espesa

Para decorar

1 tanda de glaseado de crema de mantequilla al caramelo (*véase* página 65)
Un par de barritas de chocolate con leche y caramelo (*dime bars*)

Salsa caramelo

Para unos 75 ml, suficiente para utilizar en los *cupcakes* de caramelo (*véase* página 63).

250 g de azúcar blanquilla dorada
135 ml de agua

Ponga el azúcar y 5 cucharadas del agua medida en un cazo de fondo grueso y remueva a fuego lento hasta que el azúcar se haya disuelto. Suba el fuego y cueza a fuego vivo unos 10 minutos. La mezcla deberá presentar un color ambarino oscuro.

Retire el recipiente del fuego y deje enfriar ligeramente. Remueva para que se enfríe, pero tenga cuidado pues el azúcar está extremadamente caliente. Es preferible que haga la operación sosteniendo el cazo alejado de usted y colocado sobre el fregadero.

Una vez se haya enfriado ligeramente, agregue el resto de agua a la mezcla y continúe removiendo. Sostenga de nuevo el cazo alejado de usted al añadir el agua, pues podría salpicar.

Cuando la salsa esté completamente fría, viértala en un cuenco y cúbrala hasta el momento de usarla. Los restos pueden guardarse en un recipiente hermético hasta una semana.

Glaseado de crema de mantequilla al caramelo

Esta crema de mantequilla va bien con los *cupcakes* de caramelo (*véase* página 63) o los *cupcakes* de chocolate (*véase* página 16), aunque deberá tener un poco más de paciencia y cuidado que con los otros. Evite quemarse, vale la pena el esfuerzo.

Ponga en un cazo de fondo grueso la mantequilla, la leche y el azúcar moreno. Caliente a fuego vivo y mezcle. Lleve a ebullición removiendo sin cesar y deje hervir 1 minuto.

Retire del fuego y mezcle con la mitad del azúcar lustre. Deje enfriar ligeramente y agregue el resto del azúcar lustre y el extracto de vainilla. Remueva hasta que se espese a la consistencia deseada.

Es preferible utilizar el glaseado enseguida. Si desea prepararlo con antelación, o le ha quedado algo, alárguelo con un poco de crema de leche espesa y bata bien antes de emplear. También puede calentarlo 10 segundos en el microondas.

Para 12 *cupcakes* normales

60 g de mantequilla, a temperatura ambiente
6 cucharadas de leche, a temperatura ambiente
220 g de azúcar moreno blando claro
240 g de azúcar lustre, tamizado
½ cucharadita de extracto de vainilla natural
crema de leche espesa, en cantidad necesaria

Cupcakes malteados

Estos *cupcakes* aromatizados con leche malteada son perfectos para que los niños se inicien en el proceso de hornear, ayudando a sus padres. Puede adornarlos con glaseado de malvaviscos o crema de mantequilla al chocolate. Son muy sabrosos y tienen un toque nostálgico.

Para 12 *cupcakes* normales

**110 g de mantequilla, a temperatura
    ambiente**
120 g de azúcar moreno claro blando
**100 g de azúcar blanquilla,
    preferentemente dorada**
**2 huevos grandes, preferiblemente
    orgánicos**
**125 g de harina con levadura,
    tamizada**
60 g de harina, tamizada
**50 g de Ovaltina (bebida malteada
    en polvo)**
**125 ml de leche semidesnatada,
    a temperatura ambiente**
**½ cucharadita de extracto de
    vainilla natural**
1 cucharada de crema agria

Para decorar
**1 tanda de glaseado de malvaviscos
    (*véase* página 69) o glaseado de
    crema de mantequilla al chocolate
    (*véase* página 29)**
Malteser u Ovaltine en polvo extra

Precaliente el horno a 160 °C y forre una placa de *muffins* de 12 cavidades con moldes de papel del tamaño adecuado.

Bata en un cuenco mezclador grande la mantequilla y los azúcares hasta que la mezcla blanquee y esté esponjosa; necesitará 3-5 minutos utilizando una batidora eléctrica manual. Agregue los huevos uno a uno, mezclando unos pocos minutos tras cada adición.

Mezcle en otro cuenco las harinas y el Ovaltine. Mezcle la leche, el extracto de vainilla y la crema agria en una jarra. Añada un tercio de la mezcla de harina y Ovaltine a la mezcla cremosa y bata bien. Vierta un tercio de la leche y bata de nuevo. Repita estos pasos hasta que haya añadido toda la mezcla de harina y leche.

Transfiera la mezcla a los moldes, llenándolos a dos tercios de su altura. Hornee unos 25 minutos, hasta que hayan subido ligeramente y estén dorados. Para comprobar si están cocidos, inserte una broqueta en el centro de un *cupcake*; debe salir limpia.

Retire del horno y deje enfriar los *cupcakes* unos 10 minutos en sus moldes. Luego colóquelos con cuidado sobre una rejilla metálica para que se enfríen.

Cuando estén completamente fríos, glaséelos con crema de mantequilla al chocolate o glaseado de malvaviscos y decórelos con Malteser aplastados o espolvoréelos simplemente con Ovaltine. También puede utilizar letras de azúcar para escribir *papá* en uno de ellos o escribir con un tubo especial para glasear disponible en varios colores en los supermercados.

Glaseado de malvaviscos

Este glaseado se trabaja mejor cuando está ligeramente tibio, por lo que debe usarse enseguida. Puesto que tiene una consistencia muy densa, quizás sea más difícil de extender que la mayoría de nuestros glaseados, pero debe ser paciente y perseverante. Las sobras pueden guardarse en la nevera toda la noche, pero le recomendamos que no las utilice más allá de dicho tiempo.

Cueza el azúcar, el jarabe de melaza y el agua en un cazo a fuego vivo hasta que la mezcla alcance el punto de bola blanda (115 ºC), es decir unos 6 minutos. Retire del fuego.

Mientras, bata en un cuenco limpio las claras de huevo con la batidora eléctrica manual hasta que empiecen a formarse picos blandos. Siga batiendo a velocidad lenta mientras incorpora el almíbar de azúcar caliente en forma de chorro fino. Continúe batiendo a velocidad lenta hasta que haya incorporado todo el almíbar.

Aumente la velocidad a media alta y prosiga batiendo hasta que la mezcla esté espesa, brillante y fría. Agregue el extracto de vainilla, si lo usa, al finalizar el proceso de mezclado.

Para unos 12 *cupcakes* normales, sobrará algo

120 g de azúcar granulado
80 g de jarabe de melaza dorado
1 ½ cucharadas de agua
2 claras de huevos grandes, preferiblemente orgánicos
½ cucharadita de extracto de vainilla natural (opcional)

Cupcakes de mantequilla de cacahuete

Estos *cupcakes* son densos y opulentos. Quizás le sea difícil encontrar los chips de mantequilla de cacahuete que le recomendamos para la decoración, pero algunos comercios especializados los tienen. También puede emplear caramelos de mantequilla de cacahuete.

Para 12 *cupcakes* normales

75 g de mantequilla, a temperatura ambiente
130 g de mantequilla de cacahuete lisa
190 g de azúcar moreno oscuro blando
2 huevos grandes, preferiblemente orgánicos
1 cucharadita de extracto de vainilla natural
120 g de harina, tamizada
1 cucharadita de levadura en polvo
1 pizca de sal
60 ml de leche semidescremada, a temperatura ambiente

Para decorar
1 tanda de glaseado de chocolate con leche (*véase* página 72)
Mantequilla de cacahuete o chips de chocolate con leche

Precaliente el horno a 160 °C y forre una placa de *muffins* de 12 cavidades con moldes de papel del tamaño adecuado.

Bata en un cuenco mezclador grande la mantequilla, la mantequilla de cacahuete y el azúcar hasta que todo esté bien mezclado. Agregue los huevos uno a uno, mezclando unos pocos minutos tras cada adición, luego incorpore removiendo el extracto de vainilla.

Mezcle en otro cuenco la harina, la levadura en polvo y la sal. Añada un tercio de la mezcla de harina a la mezcla cremosa y bata bien. Vierta un tercio de la leche y bata de nuevo. Repita estos pasos hasta que haya añadido toda la mezcla de harina y leche.

Transfiera la mezcla a los moldes, llenándolos a dos tercios de su altura. Hornee unos 20 minutos, hasta que hayan subido ligeramente y estén dorados. Para comprobar si están cocidos, inserte una broqueta en el centro de un *cupcake*; debe salir limpia.

Retire del horno y deje enfriar los *cupcakes* unos 10 minutos en sus moldes. Luego colóquelos con cuidado sobre una rejilla metálica para que se enfríen.

Cuando estén completamente fríos, glaséelos con el glaseado de chocolate con leche. Cubra con chips de mantequilla de cacahuete si puede encontrarlos, o chips de chocolate con leche. Si está en Estados Unidos, no se olvide de poner la bandera del día de la Independencia.

Glaseado de chocolate con leche

Utilizamos específicamente este glaseado para nuestros *cupcakes* de mantequilla de cacahuete (*véase* página 70), pues creemos que va mejor con el sabor del bizcocho que nuestra crema de mantequilla. A veces es interesante realizar algún pequeño cambio. Es un poco más trabajoso pero tiene muy buen sabor. Puede probarlo con otros *cupcakes*, quizás de vainilla o chocolate.

Para glasear unos 12 *cupcakes* normales

600 ml de crema de leche espesa
30 g de mantequilla, a temperatura
    ambiente
300 g de chocolate con leche
    de calidad, a trocitos
½ cucharadita de extracto de vainilla
    natural

Ponga la crema de leche y la mantequilla en un cazo a fuego muy lento. Remueva sin cesar. No deje que hierva, o se quemará. Tan pronto como la mantequilla se haya derretido, retire del fuego y agregue el chocolate. Déjelo derretir, necesitará unos 10 minutos removiendo de vez en cuando. Si le quedan trocitos de chocolate sin derretir, devuelva el cazo a fuego muy lento y déjelo derretir. Incorpore el extracto de vainilla y mezcle de nuevo.

Si el glaseado está demasiado líquido para poder extenderlo, déjelo un poco a temperatura ambiente. Luego bátalo justo antes de empezar a decorar sus *cupcakes*. Puede refrigerar el resto en un recipiente hermético.

Cupcakes de fresas y crema

En Primrose Bakery siempre utilizamos frutas estacionales. Así que, cuando llega el tiempo cálido, estos *cupcakes* llevan las fresas más dulces de toda Inglaterra. Esta receta se prepara fácilmente en un robot, pero también puede hacerla con una batidora eléctrica manual.

Precaliente el horno a 160 ºC y forre una placa de *muffins* de 12 cavidades con moldes de papel del tamaño adecuado.

Bata en el robot el azúcar, la harina, la levadura, la maicena y las fresas aplastadas. Pulse hasta que estén bien mezclados (unos 4 segundos). Añada la mantequilla y procese brevemente hasta que todo esté homogéneo (unos 10 segundos). Si emplea una batidora eléctrica manual, bata la mantequilla y el azúcar primero, incorpore batiendo los huevos uno a uno, agregue el resto de los ingredientes y bata a fondo.

Transfiera la mezcla a los moldes, llenándolos a dos tercios de su altura. Hornee unos 25 minutos. Deben quedar ligeramente jugosos una vez cocidos.

Retire del horno y deje enfriar los *cupcakes* unos 10 minutos en sus moldes. Luego colóquelos con cuidado sobre una rejilla metálica para que se enfríen.

Cuando estén completamente fríos, realice con cuidado un agujero en el centro de cada *cupcake* e introduzca la confitura de fresas con ayuda de una cucharilla; puede calentarla un poco en un cazo para ablandarla antes de ponerla.

Lave 12 fresas y séquelas sobre papel de cocina para que el exceso de agua no estropee la crema de mantequilla una vez que haya decorado los *cupcakes*. Decórelos con crema de mantequilla a la vainilla y, justo antes de servir, ponga una fresa fresca en el centro.

Para unos 12 *cupcakes* normales

225 g de azúcar blanquilla

210 g de harina con levadura, tamizada

1 cucharadita de levadura en polvo

25 g de maicena

125 g de fresas maduras frescas maduras, sin el rabillo y aplastadas

225 g de mantequilla, a temperatura ambiente

4 huevos grandes, preferiblemente orgánicos

Para decorar

Confitura de fresas de calidad (1 cucharadita por *cupcake*)

1 tanda de glaseado de crema de mantequilla a la vainilla (*véase* página 26)

12 fresas pequeñas

Cupcakes de coco y crema de mantequilla rosa a la vainilla

Si le gusta el glaseado de coco, estos serán sus *cupcakes* preferidos. Repletos de coco jugoso dentro de un bizcocho de vainilla y recubiertos con un delicado glaseado rosa y virutas de coco... constituyen toda una delicia en forma de *cupcakes*.

Para 12 cupcakes normales

110 g de mantequilla, a temperatura
    ambiente
180 g de azúcar blanquilla
2 huevos grandes, preferiblemente
    orgánicos
½ cucharadita de extracto de vainilla
    natural
½ cucharadita de extracto
    de almendras (opcional)
125 g de harina con levadura,
    tamizada
120 g de harina común, tamizada
125 ml de leche de coco
25 g de coco seco

Para decorar
1 tanda de glaseado de crema
    de mantequilla a la vainilla
    (*véase* página 26), coloreado
    de rosa pálido
Virutas de coco, ligeramente tostadas
    en el horno unos pocos minutos

Precaliente el horno a 160 ºC y forre una placa de *muffins* de 12 cavidades con moldes de papel del tamaño adecuado.

Bata en un cuenco mezclador grande la mantequilla y el azúcar hasta que la mezcla blanquee y esté esponjosa; necesitará 3-5 minutos con una batidora eléctrica manual. Agregue los huevos uno a uno, mezclando unos pocos minutos tras cada adición; incorpore al final el extracto de vainilla y de almendras removiendo (si lo emplea).

Mezcle en otro cuenco las harinas. Añada un tercio de la mezcla de harina a la preparación cremosa y bata bien. Vierta un tercio de la leche de coco y bata de nuevo. Repita estos pasos hasta que haya añadido toda la mezcla de harina y la leche. Incorpore el coco con una cuchara metálica.

Transfiera la mezcla a los moldes, llenándolos a dos tercios de su altura. Hornee unos 25 minutos, hasta que hayan subido ligeramente y estén dorados. Para comprobar si están cocidos, inserte una broqueta en el centro de un *cupcake*; debe salir limpia.

Retire del horno y deje enfriar los *cupcakes* unos 10 minutos en sus moldes. Luego colóquelos con cuidado sobre una rejilla metálica para que se enfríen.

Cuando estén completamente fríos, decórelos con el glaseado de crema de mantequilla a la vainilla coloreado de rosa y esparza por encima unas virutas de coco tostadas en el horno.

Cupcakes de frambuesa

He aquí una típica combinación veraniega; las frambuesas frescas ácidas y dulces a la vez con la crema de mantequilla al chocolate blanco. Si pone la confitura de frambuesa directamente sobre los *cupcakes* horneados, queda muy bien, y una vez abiertos, la combinación tiene un sabor divino. Puede decorarlos con frambuesas y servirlos con té frío o limonada para un picnic o merienda.

Precaliente el horno a 160 °C y forre una placa de *muffins* de 12 cavidades o 3 de 12 cavidades de *minimuffins* con moldes de papel del tamaño adecuado.

Bata en un cuenco grande la mantequilla y el azúcar hasta que la mezcla blanquee y esté esponjosa; necesitará 3-5 minutos con una batidora eléctrica. Agregue los huevos uno a uno, mezclando unos pocos minutos tras cada adición.

Mezcle las harinas en otro cuenco. Ponga la leche en una jarra y mezcle con el extracto de vainilla. Añada un tercio de las harinas a la mezcla cremosa y bata bien. Vierta un tercio de la leche y bata de nuevo. Repita los pasos hasta que haya incorporado toda la harina y la leche.

Agregue con cuidado la confitura de frambuesa hasta que todo esté casi combinado. La idea es dejar trazos de confitura por la mezcla, en vez de obtener una masa de color homogéneo. Transfiera la mezcla a los moldes, llenándolos a dos tercios de su altura. Hornee unos 25 minutos, hasta que hayan subido ligeramente y estén dorados.

Retire del horno y deje enfriar los *cupcakes* unos 10 minutos en sus moldes. Una vez fríos, corte un agujero pequeño en el centro de cada uno con un cuchillo afilado o una cucharilla y ponga dentro una cucharadita de confitura. Puede calentarla ligeramente en un cazo para que se ablande antes de introducirla en el bizcocho.

Glasee los *cupcakes* con la crema de mantequilla al chocolate blanco y decore con frambuesas frescas enteras.

Para 12 *cupcakes* normales

110 g de mantequilla, a temperatura ambiente

180 g de azúcar blanquilla

2 huevos grandes, preferiblemente orgánicos

125 g de harina con levadura, tamizada

120 g de harina común, tamizada

125 ml de leche semidescremada, a temperatura ambiente

1 cucharadita de extracto de vainilla natural

3 cucharadas de confitura de frambuesas de calidad

Para decorar

Confitura de frambuesas de calidad (1 cucharadita por *cupcake*)

1 tanda de glaseado de crema de mantequilla al chocolate blanco (*véase* página 80)

Frambuesas frescas (2 por *cupcake*)

Glaseado de crema de mantequilla al chocolate blanco

Esta crema de mantequilla dulce al chocolate blanco liga muy bien con los *cupcakes* de frambuesa (*véase* página 79), pero también puede añadir un poco a los de chocolate, fresa o coco.

Para 12 *cupcakes* normales
o 36 *minicupcakes*

100 g de chocolate blanco de calidad, troceado
60 g (cucharadas) de glaseado de crema de mantequilla a la vainilla (*véase* página 26)
3 cucharadas de crema de leche espesa

Para derretir el chocolate, póngalo en una jarra en el microondas a potencia media durante 30 segundos, mezcle y derrita de nuevo en el microondas otros 30 segundos, vaya con cuidado para no quemar el chocolate. También puede ponerlo en un cuenco refractario dispuesto sobre un cazo con agua apenas agitándose. Remueva de vez en cuando hasta que se haya derretido por completo y casi esté liso. Déjelo enfriar ligeramente.

Una vez que se haya enfriado, mezcle bien todos los ingredientes hasta que la preparación esté homogénea y cremosa. Es preferible que use enseguida este glaseado. Si se endurece muy pronto, ablándelo con un poco de crema de leche espesa o caliéntelo en el microondas 10 segundos, batiéndolo bien antes de usarlo.

Este glaseado debe refrigerarse porque lleva crema. Debe batirse antes de emplearlo de nuevo, pues se enfría demasiado y queda duro.

Cupcakes de jengibre

Con el toque del jengibre y la melaza negra, estos *cupcakes* son perfectos para Halloween
o durante el invierno. Sea generoso con el glaseado de jengibre y deje correr su imaginación.

Precaliente el horno a 160 ºC y forre una placa de *muffins* de 12 cavidades
con moldes de papel del tamaño adecuado.

Derrita en un cazo a fuego lento la mantequilla, el azúcar y la melaza. Deje enfriar
un poco y mezcle con la leche.

Añada el jengibre picado a los huevos batidos y luego bata con la mezcla de
mantequilla. Tamice la harina, el jengibre molido y la sal; agréguelos a la mezcla
caliente removiendo bien.

Transfiera la mezcla a los moldes, llenándolos a dos tercios de su altura.
Hornee unos 30-35 minutos, hasta que hayan subido ligeramente y estén
dorados. Para comprobar si están cocidos, inserte una broqueta en el centro
de uno; debe salir limpia.

Retire del horno y deje enfriar los *cupcakes* unos 10 minutos en sus moldes
antes de colocarlos sobre una rejilla para que se enfríen. Una vez fríos, cúbralos
generosamente con el glaseado de jengibre y agregue las decoraciones de
Halloween, cuanto más tenebrosas, mejor. También puede recubrir los *cupcakes*
con un poco de azúcar demerara sobre el glaseado.

Estos *cupcakes* quedan mejor recién horneados, pues tienden a secarse
de forma más rápida que otros.

Para 18 *cupcakes* normales

200 g de mantequilla, a temperatura
    ambiente
175 g de azúcar moreno oscuro blando
3 cucharadas de melaza oscura
150 ml de leche semidesnatada,
    a temperatura ambiente
4 trozos de jengibre en almíbar,
    escurridos y picados (reserve
    el almíbar para el glaseado
    de jengibre)
2 huevos grandes, preferiblemente
    orgánicos, batidos
300 g de harina con levadura,
    tamizada
1 cucharada de jengibre molido
1 pizca de sal

Para decorar
1 tanda de glaseado de jengibre
    (*véase* página 84)
Decoraciones para Halloween
    o azúcar demerara

Glaseado de jengibre

Este glaseado especiado es una cobertura cremosa perfecta para los *cupcakes* de jengibre densos y oscuros (*véase* página 83). Se trata de una combinación realmente sabrosa y original.

Para 18 *cupcakes* normales

140 g de mantequilla, a temperatura
    ambiente
2 cucharadas de zumo de limón
    fresco
4 cucharadas de almíbar de jengibre,
    escurrido del frasco
300 g de azúcar lustre, tamizado

Bata en un cuenco grande la mantequilla unos minutos hasta que esté bien lisa, luego incorpore el resto de los ingredientes y bata de nuevo hasta que el glaseado esté homogéneo y cremoso.

Cupcakes de calabaza

Menos dulces y un poco más especiados que otros *cupcakes*, estos despliegan toda su magia antes de una noche de trucos y tratos y de la inevitable bolsa de dulces que llega a continuación. Si no encuentra puré de calabaza, trocee una calabaza, retírele las semillas y cuézala al vapor unos 30 minutos. Aplástela, pásela por un tamiz y déjela escurrir varias horas para que no tenga exceso de agua.

Para 12 *cupcakes* normales

110 g de mantequilla, a temperatura ambiente
240 g de azúcar moreno blando claro
2 huevos grandes, preferiblemente orgánicos
½ cucharadita de extracto de vainilla natural
100 g de puré de calabaza (sólido, enlatado)
125 g de harina con levadura, tamizada
120 g de harina común, tamizada
½ cucharadita de canela molida
½ cucharadita de jengibre molido
125 ml de suero (o 120 ml de leche mezclada con 1 cucharadita de zumo de limón)

Para decorar

1 tanda de glaseado de queso crema especiado (*véase* página 87)
Canela molida, nuez moscada rallada o decoraciones para Halloween de su elección

Precaliente el horno a 160 ºC y forre una placa de *muffins* de 12 cavidades con moldes de papel del tamaño adecuado.

Bata en un cuenco mezclador grande la mantequilla y el azúcar hasta que la mezcla blanquee y esté esponjosa; necesitará 3-5 minutos con una batidora eléctrica manual. Agregue los huevos uno a uno, y el extracto de vainilla, mezclando unos pocos minutos tras cada adición. Añada el puré de calabaza y bata hasta que estén justo combinados.

Mezcle en otro cuenco las harinas, la canela y el jengibre. Añada un tercio de la mezcla de harinas a la preparación cremosa y bata hasta que estén justo combinadas. Añada la mitad del suero y bata de nuevo. Repita estos pasos hasta que haya añadido toda la mezcla de harina y suero.

Transfiera la mezcla a los moldes, llenándolos a dos tercios de su altura. Hornee unos 25 minutos hasta que hayan subido ligeramente y estén dorados. Para comprobar si están cocidos, inserte una broqueta en el centro de un *cupcake*; debe salir limpia.

Retire del horno y deje enfriar los *cupcakes* unos 10 minutos en sus moldes. Luego colóquelos con cuidado sobre una rejilla metálica para que se enfríen.

Cuando estén completamente fríos, cúbralos con el glaseado de crema de queso especiado, decore con canela o nuez moscada y esparza decoraciones apropiadas para Halloween, si son para esta ocasión.

halloween

Glaseado de queso crema especiado

Es una simple variante del glaseado de queso crema a la naranja que aparece a principios de este libro. Funciona bien con los *cupcakes* de zanahoria (*véase* página 21), pero queda especialmente delicioso durante una noche de Halloween fría y ventosa.

Ponga todos los ingredientes en un cuenco mezclador y bata bien hasta que todo esté combinado y el glaseado blanquee y esté homogéneo.

Este glaseado debe guardarse en la nevera porque lleva queso crema, pero se conserva bien. Antes de reutilizarlo, déjelo a temperatura ambiente y bátalo de nuevo.

Para unos 15 *cupcakes* normales

175 g de queso crema
450 g de azúcar lustre, tamizado
125 g de mantequilla, a temperatura
   ambiente
¼ de cucharadita de canela molida
1 pizca de clavo molido

Cupcakes de plátano y chocolate

Una buena receta para un té alrededor del fuego durante un día frío. Estos *cupcakes* llevan un glaseado de crema de mantequilla al chocolate realzado por el sabor de los chips de chocolate del bizcocho.

Para 12 *cupcakes* normales

125 g de mantequilla, a temperatura ambiente
250 g de azúcar blanquilla
2 huevos, preferiblemente orgánicos, ligeramente batidos
1 cucharadita de extracto de vainilla natural
250 g de harina, tamizada
2 cucharaditas de levadura en polvo
4 plátanos maduros, aplastados con un tenedor
175 g de chocolate negro de calidad (70 %), troceado o picado en trozos pequeños

Para decorar (opcional)
1 tanda de glaseado de crema de mantequilla al chocolate (*véase* página 29)
Nueces picadas

Precaliente el horno a 160 ºC y forre una placa de *muffins* de 12 cavidades con moldes de papel del tamaño adecuado.

Bata en un cuenco mezclador grande la mantequilla y el azúcar hasta que la mezcla blanquee y esté esponjosa; necesitará 3-5 minutos con una batidora eléctrica manual. Agregue los huevos y el extracto de vainilla y bata brevemente. Incorpore la harina y la levadura y vuelva a batir hasta que esté bien combinado. Añada los plátanos aplastados y los trozos de chocolate removiendo con una cuchara de madera.

Transfiera la mezcla a los moldes, llenándolos a dos tercios de su altura. Hornee unos 25 minutos, hasta que hayan subido ligeramente y estén dorados. Para comprobar si están cocidos, inserte una broqueta en el centro de un *cupcake*; debe salir limpia.

Retire del horno y deje enfriar los *cupcakes* unos 10 minutos en sus moldes. Luego colóquelos con cuidado sobre una rejilla metálica para que se enfríen.

Cuando estén completamente fríos, cúbralos con el glaseado de crema de mantequilla al chocolate. Si lo desea, adorne con nueces picadas. También puede servirlos al natural sin glaseado para el desayuno, calentándolos unos minutos en el horno.

Cupcakes de chocolate y naranja

Está bien demostrado que la combinación de chocolate y naranja es una buena unión, así que hemos decidido ponerla a la práctica en esta receta. Los sabores fuertes del chocolate y la naranja casan bien en este favorito invernal.

Precaliente el horno a 160 ºC y forre una placa de *muffins* de 12 cavidades con moldes de papel del tamaño adecuado.

Trocee el chocolate y colóquelo en un cuenco apto para el microondas. Derrítalo por completo a potencia media a intervalos de 30 segundos. Mezcle bien entre cada sesión. También puede poner el chocolate en un cuenco refractario dispuesto sobre un cazo con agua apenas agitándose. Remueva de vez en cuando hasta que esté completamente derretido. Reserve el cuenco aparte.

Bata en un cuenco mezclador grande la mantequilla y el azúcar hasta que la mezcla blanquee y esté esponjosa; necesitará 3-5 minutos con una batidora eléctrica manual. Agregue los huevos y bata brevemente.

Mezcle la harina, el bicarbonato, la levadura y la sal en un cuenco. Mezcle en una jarra la leche y el zumo y la cáscara de naranja.

Añada el chocolate a la mezcla cremosa y bata a velocidad lenta hasta que la preparación esté justo combinada. La masa no estará homogénea. Añada un tercio de la mezcla de harina y bata hasta que estén justo mezclados. Añada la mitad de la mezcla de zumo y leche y bata de nuevo hasta cohesionar. Repita estos pasos hasta emplear todos los ingredientes.

Transfiera la mezcla a los moldes, llenándolos a dos tercios de su altura. Hornee de 28-30 minutos. Para comprobar si están cocidos, inserte una broqueta en el centro de un *cupcake*; debe salir limpia.

Retire del horno y deje enfriar los *cupcakes* unos 10 minutos en sus moldes. Luego colóquelos con cuidado sobre una rejilla metálica para que se enfríen. Cuando estén completamente fríos, glaséelos con la crema de mantequilla al chocolate y decore con un poco de cáscara de naranja o flores de azúcar.

Para 12 *cupcakes* normales

115 g de chocolate negro de calidad (70 %)
90 g de mantequilla, a temperatura ambiente
175 g de azúcar blanquilla, preferiblemente dorado
la cáscara rallada y el zumo de 1 naranja (75 ml de zumo)
2 huevos grandes, presentemente orgánicos
185 g de harina común, tamizada
½ cucharadita de bicarbonato sódico
½ cucharadita de levadura en polvo
½ cucharadita de sal
1 cucharada de leche semidescremada, a temperatura ambiente

Para decorar
1 tanda de glaseado de crema de mantequilla al chocolate (*véase* página 29)
La cáscara rallada de 1 naranja o flores de azúcar

Cupcakes de arándanos y naranja

Estos *cupcakes* deliciosamente ácidos quedan perfectos recién horneados y calientes. Puede cubrirlos con nuestra crema de mantequilla al agua de azahar (*véase* página 53) o con el glaseado de queso crema a la naranja (*véase* página 35) como una alternativa saludable a los ricos ágapes degustados durante la Navidad.

Para 12 *cupcakes* normales
o 36 *minicupcakes*

2 huevos grandes, preferiblemente orgánicos
200 g de azúcar blanquilla
100 g de aceite de maíz
135 ml de crema agria
1 cucharadita de extracto de vainilla natural
la cáscara rallada de 1 naranja (1 cucharadita)
228 g de harina
½ cucharadita de levadura en polvo
¼ de cucharadita de bicarbonato sódico
¼ de cucharadita de sal
1 cucharadita de canela molida
140 g de arándanos rojos, frescos o congelados, finamente picados

Para decorar
1 tanda de glaseado de crema de mantequilla al agua de azahar (*véase* página 53) o del glaseado de crema de queso a la naranja (*véase* página 35)
Arándanos rojos frescos o secos, o decoraciones navideñas

Precaliente el horno a 160 ºC y forre una placa de *muffins* de 12 cavidades o 3 de 12 minicavidades con moldes de papel del tamaño adecuado.

Bata en un cuenco mezclador grande los huevos y el azúcar hasta que la mezcla blanquee y esté esponjosa; necesitará 3-5 minutos con una batidora eléctrica manual. Vierta el aceite lentamente, batiendo bien tras cada adición. Luego repita el proceso con la crema agria y el extracto de vainilla, asegurándose que todo está bien mezclado, e incorpore la cáscara de naranja al final.

Tamice los ingredientes secos sobre un cuenco y agréguelos a la masa anterior batiendo. Finalmente, incorpore los arándanos con cuidado.

Transfiera la mezcla a los moldes, llenándolos a dos tercios de su altura. Hornee unos 25 minutos (tamaño normal) o 15 minutos (tamaño pequeño), hasta que hayan subido ligeramente y estén dorados. Para comprobar si están cocidos, inserte una broqueta en el centro de un *cupcake*; debe salir limpia.

Deje enfriar los *cupcakes* unos 10 minutos en sus moldes antes de desmoldarlos sobre una rejilla metálica para que se enfríen. Cuando estén completamente fríos, cúbralos con el glaseado de crema de mantequilla al azahar o con el de queso crema a la naranja, y decore con arándanos rojos frescos o secos, o con motivos navideños.

Glaseado de crema de mantequilla a la menta

Al acercarse una vez más la Navidad, esta crema de mantequilla a la menta armoniza perfectamente con las festividades navideñas. Emparéjela con los *cupcakes* de chocolate (*véase* página 16) y cubra con caramelos en forma de remolinos. Además, estos *cupcakes* son apropiados para cualquier ocasión.

Para glasear 15-20 *cupcakes* normales o unos 60 *minicupcakes*

110 g de mantequilla, a temperatura ambiente
60 ml de leche semidescremada, a temperatura ambiente
½ cucharadita de extracto de menta (o más, o menos, dependiendo del gusto)
500 g de azúcar lustre, tamizado
Gotas de colorante verde alimentario

Para decorar
Chips de chocolate, caramelos de menta o en forma de remolinos

Bata en un cuenco grande la mantequilla, la leche, el extracto de menta y la mitad del azúcar lustre hasta que la mezcla esté homogénea, puede llevar varios minutos utilizando una batidora eléctrica manual. Incorpore gradualmente el resto del azúcar lustre y bata de nuevo hasta que la crema de mantequilla esté lisa y cremosa. Pruebe el glaseado en este punto para ver si desea añadirle más extracto de menta.

Añada una gota de colorante verde y bata a fondo. Es todo lo que necesita para obtener un tono pastel muy pálido. Añádalo cuidadosamente, gota a gota, batiendo bien tras cada adición hasta obtener el tono deseado.

Extienda el glaseado sobre los *cupcakes*. Cubra algunos con chips de chocolate, o bien trocee caramelos de menta o en forma de remolinos y espárzalos sobre los *cupcakes*.

navidad

Glaseado de crema de mantequilla al brandi

Como alternativa al pastel navideño tradicional, el glaseado de crema de mantequilla al brandi puede utilizarse sobre cualquier *cupcake* de chocolate o sobre un pastel de capas de chocolate. Queda perfecto para celebrar una fiesta navideña acompañado de una copa de champán.

Bata en un cuenco grande la mantequilla, la leche, la mantequilla de brandi, el extracto de vainilla y la mitad del azúcar lustre hasta que la mezcla esté homogénea; puede llevar varios minutos utilizando una batidora eléctrica manual. Incorpore gradualmente el resto del azúcar lustre hasta que la mezcla esté lisa y cremosa.

Pruébela para comprobar si lleva suficiente crema de mantequilla, y añada un poco más si fuese necesario. Recuerde que es muy potente, especialmente si acompaña un bizcocho de chocolate, por lo que no debe añadir demasiada.

Glasee una tanda de *cupcakes* de chocolate y adórnelos con una trufa de coñac o una decoración navideña.

La crema de mantequilla puede guardarse en un recipiente hermético hasta 3 días a temperatura ambiente. Antes de reutilizarla, bátala bien.

Para glasear 15-20 *cupcakes* normales

115 g de mantequilla, a temperatura ambiente
60 ml de leche semidescremada, a temperatura ambiente
2 cucharadas grandes de mantequilla de brandi de calidad
1 cucharadita de extracto de vainilla natural
500 g de azúcar lustre, tamizado

Para decorar
Trufas de coñac o brandi

consejo

Si decide usar este glaseado sobre un pastel a capas de chocolate (*véase* página 128), funcionará mejor si solo lo emplea en la capa central y recubre el pastel con crema de mantequilla al chocolate (*véase* página 29). Puede decorar el borde con unas trufas (necesitará de 10 a 12 para un pastel de 20 cm de diámetro).

Ocasiones especiales

Aquí le presentamos algunas sugerencias que le mostrarán ideas para montar y presentar basadas en los conocimientos obtenidos gracias a los numerosos *cupcakes* que hemos realizado durante los últimos cinco años para cumpleaños, aniversarios, eventos y fiestas. Aquí es donde nuestros *cupcakes* entran en acción, pues pueden prepararse y decorarse para celebrar virtualmente cualquier ocasión especial. Puede prepararlos según sus necesidades, desde unos pocos para un cumpleaños infantil hasta unos centenares para un gran bautizo o fiesta de cumpleaños. Intente elegir siempre adornos imaginativos, tanto de plástico como de azúcar (pero indique a sus invitados que no coman los de plástico), que pueden guardarse y usarse cuando se presente la ocasión.

ocasiones especiales

Cupcakes de dulces

Estos *cupcakes* atraerán y deleitarán a los niños. Los nuestros nos los piden una y otra vez para las ocasiones especiales. Además pueden participar en el proceso decorativo.

Para 12 *cupcakes* normales

1 tanda de *cupcakes* de vainilla o
   chocolate (*véanse* páginas 15 y 16),
   tamaño normal
1 tanda de crema de mantequilla
   al chocolate (*véase* página 29)
Un surtido de dulces multicolores,
   los favoritos de sus hijos, o
   grandes malvaviscos, grageas
   de colores, gominotas, etc.

Prepare los *cupcakes* y glaséelos con la crema de mantequilla al chocolate. Puede utilizar la de vainilla, pero si elige esta opción debe poner los dulces rápidamente antes de que cuaje el glaseado, razón por la que le recomendamos el de chocolate, pues necesita más tiempo para quedar firme. Lo que le permitirá decidir qué dulces va a utilizar y ayudar a los niños para que colaboren en la decoración.

Podrá decorar sus *cupcakes* con una mezcla de diferentes formas, tamaños y colores de dulces que crearán una delicia visual. Siempre es preferible usar más que menos y apilarlos sin dudar. Por otra parte, esta no es una receta para preocuparse por el contenido de azúcar.

FRUIT SALAD £3.40p
th YOGHURT £3.?0p
th FRUIT AND YOGHURT £4
FLOAT £3.50
GLASS OF ORGANIC
COLD MILK
£25

Cupcakes de cumpleaños

Puede utilizar cualquiera de nuestros *cupcakes* para preparar una bonita fuente de *cupcakes* de cumpleaños. Hemos sugerido los de vainilla, pero el chico o la chica homenajeado podrá elegir su aroma favorito. Puede comprar bolsas con letras de azúcar en los comercios especializados para escribir su mensaje, y ser tan extravagante como desee en el momento de decorarlos y poner las velas. En la actualidad se puede encontrar una amplia selección de velas en diferentes formas y tamaños para complementar los colores y temas elegidos para sus *cupcakes* de cumpleaños.

Antes de empezar a glasear sus *cupcakes* decida las decoraciones y mensajes. Le sugerimos escribir «Feliz cumpleaños» y el nombre de la persona sobre cuatro *cupcakes* de tamaño normal, o bien poner una letra por cada *minicupcake* utilizando los necesarios para escribir su mensaje.

Coloque las letras sobre los *cupcakes* tan pronto los haya glaseado, intentando mantenerlas en el centro de los mismos. Los *minicupcakes* quedan muy bien adornados con confites alrededor de cada letra, coloque luego los *cupcakes* sobre una fuente o bandeja grande para que se pueda leer el mensaje. Puede hacer lo mismo utilizando las letras en cuatro *cupcakes* de tamaño normal, y reservar otras decoraciones y algunas velas para el resto.

Para 12 *cupcakes* normales
o 36 *minicupcakes*

**1 tanda de *cupcakes* de vainilla
(*véase* página 15), normales
o pequeños
1 tanda de glaseado de crema
de mantequilla a la vainilla
(*véase* página 26) en un color
o teñidos en diferentes tonos
1-2 bolsas de letras de azúcar
Velas
Otras decoraciones como confites
de azúcar o chocolate, fideos de
colores, etc.**

Cupcakes de bebés

Una alternativa perfecta al ramo de flores con el que se obsequia a los nuevos padres. Una caja de *cupcakes* se disfrutará y apreciará. Puede ponerlos en una caja, envolverlos con una cinta y entregarlos durante su primera visita para conocer al bebé. Puede emplear una tanda de *cupcakes* de vainilla o una de limón, o media tanda de cada uno.

Prepare los *cupcakes* necesarios para llenar la caja elegida. Si va a usar letras de azúcar, puede trazar el nombre del bebé en un *cupcake* o bien poner «bebito» o «bebita» sobre un par de *cupcakes*, colocándolos en el centro de la caja.

Luego puede decorar el resto de los *cupcakes* con tonos rosados o azules, o quizás amarillos. Elija decoraciones de azúcar y de plástico como patos, patucos, botellas, etc., en comercios especializados, o incluso animales de azúcar que pueden encontrarse a menudo en paquetes en los supermercados. Obviamente debe recordar que las decoraciones de plástico no son para comer.

Deje cuajar los *cupcakes* durante 30 minutos antes de ponerlos en la caja para que los bordes no estén todavía pegajosos. Colóquelos con cuidado en la caja, ciérrela y átela con una cinta.

1 tanda de *cupcakes* de vainilla o limón (*véanse* páginas 15 y 19), tamaño normal

1 tanda de glaseado de crema de mantequilla a la vainilla (*véase* página 26), le recomendamos que deje algunos sin colorear y los tiña de azul pálido o rosa, dependiendo del sexo del bebé, o bien con glaseado de crema de mantequilla al limón (*véase* página 31)

1 bolsa de letras de azúcar (opcional), u otras decoraciones apropiadas

Caja de cartón blanca

Cintas

Cupcakes para bautizos

Los *cupcakes* para bautizos son muy populares. Dispuestos sobre un expositor de pasteles constituyen un centro sorprendente para el bufé de un bautizo. Puede elegir cualquier sabor y color para su glaseado de crema de mantequilla. Con ayuda de nuestros consejos y sugerencias podrá preparar *cupcakes* profesionales ya sea para una reunión íntima o para un gran acontecimiento. Estos *cupcakes* también pueden servirse en diferentes celebraciones religiosas pues siempre son muy bien recibidos.

Tandas de *cupcakes* para servir al número de comensales (más unos pocos para guardar), de tamaño normal o pequeño
Glaseado de crema de mantequilla suficiente para el número de *cupcakes* empleados
Bolsas de letras de azúcar en azul o rosa
Decoraciones como confites o perlas, fideos, rosas de azúcar, grageas

Para un bautizo se nos piden a menudo *cupcakes* de vainilla o limón (*véanse* páginas 15 y 19) con un glaseado de crema de mantequilla a la vainilla o al limón (*véanse* páginas 26 y 31) con su color natural o teñidos con tonos pastel de azul, rosa o lila.

Una decoración sencilla es la clave en este caso, las letras de azúcar en tono azul o rosado se emplean para escribir el nombre del bebé en la cantidad de *cupcakes* deseados; poner la fecha de nacimiento o la del bautizo en otros constituye una buena idea. Los fideos o confites de azúcar de tonos pastel pálido tienen un aspecto fresco, mientras que las rosas de azúcar o las frescas proporcionan un bonito acabado clásico y sencillo.

Como alternativa puede comprar grageas de tonos delicados en tiendas especializadas. Sus pastelitos tendrán muy buen aspecto adornados con grageas. Una vez que estén glaseados, colóquelos en bandejas o fuentes de servicio.

Cupcakes de aniversario

La versatilidad de los *cupcakes* significa que son ideales para cualquier aniversario, sin excepción. Como siempre, se trata de una cuestión de decidir sabores (los favoritos de la pareja) y decoraciones que coincidan con el aniversario que se celebra. Los *minicupcakes* funcionan bien en fiestas, pues pueden comerse con los dedos y además pueden acompañarse con una copa de champán o una taza de té.

Antes de empezar a glasear los *cupcakes* decida las decoraciones y el mensaje. Puede escribir los nombres de la pareja y/o la fecha del aniversario en letras de azúcar, colocando una letra o número en cada uno, o utilizar velas de números; también puede colocar los *cupcakes* dándoles la forma de los años celebrados.

Sirva los *cupcakes* glaseados y decorados en fuentes de plata, bandejas o servilletas de colores para agasajar la vista y el paladar.

El número necesario de tandas de *cupcakes* pequeños para agasajar a sus invitados

El número de tandas de glaseado de mantequilla para glasear el total de *cupcakes*

Decoraciones para representar el aniversario como:
- **perlas de azúcar doradas o plateadas para los 50 o 25 años**
- **perlas de azúcar para los 30 años**
- **flores de azúcar y flores cristalizadas de los colores apropiados**
- **flores frescas como narcisos (10 años), rosas (15 años), azucenas (20 años), guisantes de olor (30 años) y violetas (50 años)**
- **anillos de plástico para niños del color deseado para el aniversario**

Bolsas de letras de azúcar

Velas

Bodas

No debe sorprendernos que una torre de *cupcakes* se haya vuelto de moda y sea cada vez más popular para el pastel de bodas, el más prestigioso de los pasteles. Con tantas decisiones que tomar y con tantas opiniones con las que lidiar durante la preparación de su boda, el empleo de *cupcakes* realmente facilita la vida. Las cantidades pueden cerrarse en el último minuto en cuanto los invitados hayan confirmado su presencia y la novia, el novio y ambas madres hayan elegido sus sabores favoritos.

Una torre de *cupcakes* puede adquirir la forma de un pastel clásico tradicional o, por el contrario, ser poco convencional: las posibilidades son infinitas. Tras adoptar unas cuantas decisiones como el sabor del bizcocho y los glaseados, si va a cortarse el pastelito que corone el conjunto, el tipo de decoraciones empleadas y el número necesario de *cupcakes*, solo se trata de hornearlos y prestar cuidado y atención al glaseado y el montaje.

Una torre de tres pisos es la elección favorita para presentar los pasteles, incluso en las bodas menos tradicionales, ya que la altura es la mejor forma de crear impacto. Para los gustos clásicos horneamos *cupcakes* de vainilla o almendras con una crema de mantequilla complementaria de vainilla o al amaretto. Las flores frescas siempre quedan muy bonitas para decorar. Puede solicitar a su florista que cree el ramo de flores de forma que pueda colocarse sobre la parte superior del pastel, pero también es muy efectivo colocar una flor de hortensia grande o una rosa de jardín fragante directamente sobre el pastel, con los capullos y pétalos bien insertados en el pastel y unos pocos esparcidos sobre la mesa. Si mantiene el mismo esquema de color y una decoración sencilla, conseguirá el efecto de un pastel de boda grande sin el problema de haber de cortarlo, para facilitar a los invitados su degustación durante la celebración, o bien empaquetarlos individualmente y regalárselos a su partida.

Cupcakes blancos al amaretto

Estos *cupcakes* están basados en la deliciosa fuente de almendras dulces con las que se obtiene el aromático licor amaretto. Puede multiplicar las cantidades para el número de *cupcakes* que necesite para la boda.

Para 12 cupcakes normales

110 g de mantequilla, a temperatura ambiente
180 g de azúcar blanquilla
2 huevos grandes, preferentemente orgánicos
125 g de harina con levadura, tamizada
120 g de harina común, tamizada
125 ml de leche semidescremada, a temperatura ambiente
½ cucharadita de licor amaretto o extracto de almendras

Para el almíbar
125 g de azúcar blanquilla
125 ml de agua
½ cucharadita de licor amaretto o extracto de almendras

Para decorar
1 tanda de glaseado de crema de mantequilla al amaretto (*véase* página 119)
Almendras tostadas fileteadas, u otras decoraciones o flores (si las flores han sido tratadas o vaporizadas con algún preparado no comestible, asegúrese de que los invitados lo sepan)

Precaliente el horno a 160 °C y forre una placa de *muffins* de 12 cavidades con moldes de papel del tamaño adecuado.

Bata en un cuenco mezclador grande la mantequilla y el azúcar hasta que la mezcla blanquee y esté esponjosa; necesitará 3-5 minutos con una batidora eléctrica manual. Agregue los huevos uno a uno, mezclando unos minutos tras cada adición.

Mezcle ambas harinas en otro cuenco. Ponga un tercio de la leche en una jarra y añada el amaretto o el extracto de almendras. Añada un tercio de las harinas a la mezcla cremosa y bata bien. Vierta un tercio de la leche y bata de nuevo. Repita estos pasos hasta que haya añadido toda la leche y la harina.

Transfiera la mezcla a los moldes, llenándolos a dos tercios de su altura. Hornee unos 25 minutos, hasta que hayan subido ligeramente y estén dorados. Para comprobar si están cocidos, inserte una broqueta en el centro de un *cupcake*; debe salir limpia.

Mientras, mezcle los ingredientes del almíbar en un cuenco apto para el microondas y caliente hasta que el azúcar se derrita por completo (1 ½ minutos aproximadamente); remueva. También puede hacerlo en un cazo a fuego lento.

Retire los *cupcakes* del horno y déjelos enfriar unos 10 minutos en sus moldes antes de desmoldarlos sobre una rejilla metálica. Cuando estén todavía calientes, sumerja la parte superior de los mismos en el almíbar caliente un par de segundos. Devuelva a la rejilla para que se enfríen por completo.

Glaséelos con la crema de mantequilla al amaretto y cubra con almendras tostadas fileteadas o, para una boda, con flores frescas elegidas por los novios.

Glaseado de crema de mantequilla al amaretto

Quizás sea el romance que inspira en los sentidos el sabor sutil y el aroma de este glaseado lo que convierte a los *cupcakes* al amaretto en una elección muy popular entre los novios para el pastel más romántico. Multiplique la receta dependiendo del número de *cupcakes* que deba glasear.

Mezcle en un cuenco grande la mantequilla, la leche, el extracto de vainilla y la mitad del azúcar lustre hasta que la mezcla esté homogénea. Necesitará unos minutos con la batidora eléctrica manual. Añada gradualmente el resto del azúcar lustre hasta obtener una crema de mantequilla cremosa y lisa.

Añádale el amaretto o el extracto de almendras y bata bien. Debe probar el glaseado en este punto, pues quizás deba añadirle ¼ de cucharadita para que quede un poco más fuerte.

La crema de mantequilla puede conservarse hasta 3 días en un recipiente hermético a temperatura ambiente. Antes de reutilizarla, bátala bien.

Para glasear 15-20 *cupcakes* normales o unos 60 *minicupcakes*

115 g de mantequilla, a temperatura ambiente

60 ml de leche semidescremada, a temperatura ambiente

1 cucharadita de extracto de vainilla natural

500 g de azúcar lustre, tamizado

¼ de cucharadita de licor amaretto o extracto de almendras (puede aumentar la cantidad al gusto)

Cupcakes de bodas no tradicionales

Para un evento menos tradicional, puede mezclar diferentes sabores y colores. Todo es menos formal, la familia y los amigos pueden servirse el sabor deseado, por lo que constituye una elección que otros pasteles no pueden ofrecer. Las decoraciones deben ser diferentes; ¿por qué no unos *minicupcakes* recubiertos con dulces en forma de corazón, o unos *cupcakes* de tamaño normal adornados con confites dulces de colores? Simple pero efectivo. No hay límites para representar a los novios y el ambiente que deseen recrear. Como ejemplo, recientemente servimos una torre de *cupcakes* de chocolate malteados en diferentes tamaños, todos coronados con elefantes de plástico, a los que se ataba una etiqueta en forma de maleta con el nombre de la pareja escrito en la misma.

Para estas bodas menos tradicionales hemos utilizado un bonito soporte de tres pisos de plata y unas rosas de colores vivos. Una vez servimos unos *cupcakes* para una boda veraniega que tuvo lugar en medio de un campo; colocamos los dulces en diferentes fuentes antiguas rodeadas por jarrones de flores silvestres.

Antes de empezar, decida las cantidades, sabores y decoraciones que vaya a usar. Una mezcla de *cupcakes* normales y pequeños siempre es divertida. Puede emplear diferentes tipos de bizcocho, glaseados y decoraciones, como fideos, flores de azúcar, corazones de azúcar, dulces, letras, figuras y más.

Hornee, glasee y decore los *cupcakes* y luego decida dónde colocará las fuentes o los soportes durante la recepción. Puede disponerlos en un soporte de tres pisos si lo desea, mezclando al azar sabores y colores para crear una deliciosa selección colorida.

Cupcakes de bodas tradicionales

Para este soporte de tres pisos hemos utilizado un simple presentador, preparado con fuentes planas de metacrilato de diferentes tamaños y piezas del mismo material intercaladas para crear el armazón central del soporte. De esta forma puede usar el número de pisos que precise, dependiendo del tamaño de los *cupcakes* requeridos. Ocupa poco lugar y no esconde a la vista la sofisticación de los pasteles.

Prepare el número de *cupcakes* requerido, tanto en tamaño normal como pequeño, o una mezcla de ambos. Le recomendamos los *cupcakes* de amaretto (*véase* página 116) o los de vainilla (*véase* página 15) con crema de mantequilla a la vainilla (*véase* página 26), con su color natural. Decida si desea recubrir la torre con un pastel para que los novios lo corten; el que aparece en la foto contigua tiene 15 cm de diámetro, pero uno de 20 cm también funcionaría bien. El último pastel puede hacerse con una base de bizcocho de chocolate o vainilla y recubrirse con la misma crema de mantequilla utilizada en los *cupcakes*.

Prepare, glasee y decore el pastel superior y déjelo reposar para que cuaje. Es preferible colocarlo sobre una bandeja de cartón antes de glasearlo, lo cual hará más fácil levantarlo para colocarlo sobre la torre y retirarlo después, dependiendo de la forma en que vaya a degustarse. Luego glasee los *cupcakes* y decórelos con las flores de azúcar elegidas. Solicite a su florista que prepare un pequeño ramo para el pastel superior y le deje algunas flores de las que usará el día de la boda una vez que haya creado los arreglos florales.

Monte la torre en el lugar que ocupará durante la recepción, pues no es aconsejable cambiarla de lugar una vez preparada. Coloque cuidadosamente los *cupcakes* en los diferentes pisos, mezclando los diferentes tamaños sin espaciar demasiado, pues quedan mucho mejor cuando están bien juntos. Disponga el pastel superior sobre el último piso. Para terminar, coloque el ramo de flores en el centro del pastel. Observe el conjunto desde cierta distancia para comprobar que está bien y reparta algunas flores y hojas por la torre y sobre la mesa.

Más allá de los cupcakes

Aunque nos gusta mucho preparar *cupcakes*, hay días en que también nos place hornear un buen pastel a capas. En nuestras tiendas siempre tenemos una amplia selección, que pueden adquirirse por porciones o bien enteros. A menudo, nuestros clientes piden un pastel a capas y varios *cupcakes*, y otras veces un simple bizcocho Victoria o un pastel de chocolate es suficiente.

Puede hornear nuestra selección de pasteles a capas para una ocasión o merienda. También puede preparar los pasteles en un tamaño superior a los 20 cm de diámetro que recomendamos, si tiene un buen número de personas a quienes agasajar. Doble la receta para preparar dos pasteles de 25 o 28 cm de diámetro, que le servirán para 20-25 personas.

Pastel de chocolate a capas

Aunque lleva un poco más de trabajo que algunas de nuestras recetas de *cupcakes*, este pastel de chocolate jugoso vale bien el esfuerzo empleado. Es fantástico para un cumpleaños o celebración, y siempre es el preferido de los niños.

Para dos pasteles de 20 cm, que pueden unirse para preparar un solo pastel

230 g de chocolate negro
    de calidad (70 %)
170 g de mantequilla, a
    temperatura ambiente
350 g de azúcar moreno blando
3 huevos grandes, preferiblemente
    orgánicos, separados
370 g de harina, tamizada
1 ½ cucharaditas de levadura
    en polvo
1 ½ cucharaditas de bicarbonato
    sódico
½ cucharadita de sal
500 ml de leche semidescremada,
    a temperatura ambiente
2 cucharadas de extracto
    de vainilla natural

Para decorar

1 tanda de crema de mantequilla
    o a la vainilla o al chocolate
    (*véanse* páginas 26 y 29)
Confites de chocolate u otras
    decoraciones de azúcar

Precaliente el horno a 170 ºC. Engrase y forre dos moldes para bizcocho de 20 cm de diámetro con papel sulfurizado.

Trocee el chocolate y póngalo en un cuenco para el microondas. Derrítalo a potencia media en tandas de 30 segundos, removiendo bien entre cada sesión. También puede ponerlo en un cuenco refractario dispuesto sobre un cazo con agua apenas agitándose, removiéndolo hasta que esté liso. Déjelo enfriar.

Bata en un cuenco mezclador grande la mantequilla y el azúcar hasta que la mezcla blanquee y esté esponjosa; necesitará 3-5 minutos con una batidora eléctrica manual. Ponga las yemas de huevo en otro cuenco y bátalos unos minutos. Incorpore lentamente las yemas a la mezcla de mantequilla y bata bien. Agregue el chocolate enfriado a esta preparación y bata de nuevo.

Mezcle en otro cuenco la harina, la levadura, el bicarbonato y la sal. Remueva en una jarra la leche y el extracto de vainilla. Añada un tercio de la harina a la mezcla cremosa y bata bien. Vierta un tercio de la leche y bata de nuevo. Repita estos pasos hasta que haya añadido toda la leche y la harina.

Bata las claras de huevo en un cuenco limpio con varillas también limpias hasta que empiecen a formar picos blandos. Mezcle cuidadosamente las claras con la masa anterior con una cuchara metálica. (No bata, pues perdería el aire de la mezcla). Divídala entre los moldes y hornee unos 30 minutos. Inserte una broqueta en el centro de un pastel; debe salir limpia.

Saque los pasteles del horno y déjelos enfriar unos 10 minutos en sus moldes antes de desmoldarlos sobre una rejilla metálica. Retire el papel de las bases. Una vez que estén fríos, una las capas con el glaseado de crema de mantequilla a la vainilla o al chocolate y cubra la superficie con más glaseado. Decore con confites de chocolate u otras decoraciones de azúcar.

Los pasteles horneados pueden envolverse en película de plástico antes de glasearlos y conservarse a temperatura ambiente hasta 3 días. También pueden congelarse envueltos, y descongelarse cuando los necesite.

Pastel de vainilla a capas

Este pastel de vainilla es uno de nuestros básicos. Si lo prepara en un robot, casi no le llevará tiempo. Como en la mayor parte de las recetas de pasteles de vainilla, la lista de ingredientes es estándar. Pero, si elige ingredientes de calidad, los pesa y los mide cuidadosamente y hornea a la temperatura correcta, el resultado es fantástico. Utilizamos esta receta como base de muchos pasteles de cumpleaños, además puede glasearse y decorarse de diferentes formas.

Precaliente el horno a 170 ºC. Engrase y forre dos moldes para bizcocho de 20 cm de diámetro con papel sulfurizado.

Ponga en el robot la mantequilla, el azúcar, la harina, la maicena y la levadura. Pulse unos pocos segundos para mezclar. Agregue gradualmente el resto de los ingredientes hasta que estén justo combinados. No los mezcle en exceso, pues perderían aire.

Si lo prefiere, puede preparar la mezcla con una batidora eléctrica manual. Bata la mantequilla y el azúcar en un cuenco hasta que la mezcla blanquee y esté homogénea; necesitará 3-5 minutos. Mezcle en otro cuenco los ingredientes secos. Agregue los huevos a la mezcla cremosa de uno en uno, mezclando unos pocos minutos tras cada adición y alternando con los ingredientes secos. Añada finalmente el extracto de vainilla y la leche. Bata bien tras cada adición, pero no en exceso.

Divida la mezcla entre los moldes y hornee unos 25 minutos, hasta que haya subido y esté dorada. Inserte una broqueta en el centro de un pastel; debe salir limpia. Retire del horno y deje enfriar los pasteles unos 10 minutos en sus moldes antes de desmoldarlos sobre una rejilla metálica. Retire el papel de las bases.

Una vez que estén fríos, una las capas con la mitad del glaseado de crema de mantequilla y cubra la superficie con más glaseado. Decore el pastel con el tema adecuado para la ocasión. Para un bizcocho Victoria clásico, una los pasteles con una capa fina de confitura de fresas o frambuesas y un poco de crema de mantequilla (sin colorear), o con crema de leche espesa batida y fresas a rodajas, y espolvoree la superficie con azúcar lustre.

Para dos pasteles de 20 cm, que pueden unirse para obtener un pastel a capas grande

- 225 g de mantequilla, a temperatura ambiente
- 225 g de azúcar blanquilla
- 210 g de harina con levadura, tamizada
- 25 g de maicena
- 1 cucharadita de levadura en polvo
- 4 huevos grandes, preferiblemente orgánicos
- 1 cucharadita de extracto de vainilla
- 3 cucharadas de leche semidescremada, a temperatura ambiente

Para decorar, elija una de las siguientes opciones
- 1 tanda de glaseado de crema de mantequilla (*véanse* páginas 26-37)
- 3 cucharadas de confitura de fresas o frambuesas y 1 tanda de glaseado de crema de mantequilla a la vainilla (*véase* página 26)
- Crema de lecha montada y fresas frescas, más azúcar lustre para espolvorear

Pastel de café y nueces

Hemos adaptado la receta de este pastel de un bizcocho de Delia Smith. Combinado con nuestra crema de mantequilla al café, es una delicia para los amantes de esta bebida.

Precaliente el horno a 170 ºC. Engrase y forre dos moldes para bizcocho de 20 cm de diámetro con papel sulfurizado.

Bata la mantequilla y el azúcar en un cuenco grande hasta que la mezcla blanquee y esté homogénea; necesitará 3-5 minutos con una batidora eléctrica manual. Agregue los huevos a la mezcla de uno en uno, mezclando unos pocos minutos tras cada adición. Incorpore la harina y la levadura en polvo y mezcle bien.

Muela las nueces en el robot unos 30 segundos; no deben quedar demasiado finas. Añada el café y las nueces molidas a la masa anterior y mezcle de nuevo no más de 3-4 segundos. Debe quedar una mezcla marmolada, es muy importante no mezclarla en exceso pues los pasteles perderían aire.

Divida la mezcla entre los moldes y hornee unos 25 minutos, hasta que haya subido y esté dorada. Inserte una broqueta en el centro de un pastel; debe salir limpia.

Retire los pasteles del horno y déjelos enfriar unos 10 minutos en sus moldes antes de desmoldarlos sobre una rejilla metálica. Prepare el almíbar mezclando a fondo los ingredientes en una jarra hasta que el azúcar se disuelva. Al cabo de 10-15 minutos, pinche los bizcochos con un tenedor, pincélelos con el almíbar y deje que lo absorban.

Cuando vaya a glasear los pasteles, desmóldelos y retire el papel sulfurizado de las bases. Ponga un pastel sobre una fuente y extienda por encima una capa fina de crema de mantequilla al café. Ponga el segundo pastel y utilice el resto de la crema de mantequilla para recubrir la superficie. Decore con mitades de nueces dispuestas alrededor de los bordes.

Para dos pasteles de 20 cm, que pueden unirse para formar un pastel

175 g de mantequilla, a temperatura ambiente
175 g de azúcar blanquilla dorada
3 huevos grandes, preferiblemente orgánicos
175 g de harina con levadura, tamizada
1 ½ cucharaditas de levadura en polvo
75 g de nueces
1 ½ cucharadas de café instantáneo mezclado con 2 cucharadas de agua hirviendo

Para el almíbar
1 cucharada de café instantáneo
50 g de azúcar demerara
55 ml de agua hirviendo

Para decorar
1 ½ tandas de glaseado de crema de mantequilla al café (*véase* página 32)
10-12 mitades de nueces

más allá de los cupcakes

Pastel de limón a capas

Elija limones grandes y jugosos para obtener un bizcocho deliciosamente perfumado a limón.

Para dos pasteles de 20 cm, que pueden unirse para formar un pastel grande

225 g de azúcar blanquilla

225 g de harina con levadura,
    tamizada

1 ½ cucharaditas de levadura
    en polvo

25 g de maicena

225 g de mantequilla, a
    temperatura ambiente

4 huevos grandes, preferiblemente
    orgánicos

la cáscara y el zumo
    de 2 limones grandes
    (si fuesen pequeños, 3)

Para decorar

1 tanda de glaseado de crema
    de mantequilla al limón
    (*véase* página 31)

Rodajas de limón azucaradas
    y/o flores de azúcar amarillas

Cáscara de limón rallada
    (opcional)

Precaliente el horno a 170 ºC. Engrase y forre dos moldes para bizcocho de 20 cm de diámetro.

Ponga en el robot el azúcar, la harina, la levadura y la maicena. Pulse unos 4 segundos hasta que todo esté bien mezclado. Agregue el resto de los ingredientes y procese brevemente, unos 10 segundos. No bata en exceso.

Si lo prefiere, puede preparar la mezcla con la batidora eléctrica manual. Bata la mantequilla y el azúcar en un cuenco hasta que la mezcla blanquee y esté homogénea. Mezcle los ingredientes secos en otro cuenco. Agregue los huevos a la mezcla cremosa de uno en uno, mezclando unos pocos minutos tras cada adición, y alternándolos con los ingredientes secos; agregue finalmente la cáscara rallada y el zumo de limón. Bata bien tras cada adición, pero no lo haga en exceso.

Divida la mezcla entre los moldes y hornee unos 25 minutos, hasta que haya subido y esté dorada. Inserte una broqueta en el centro de un pastel; debe salir limpia. Retire del horno y deje enfriar los pasteles en sus moldes unos 10 minutos antes de desmoldarlos sobre una rejilla metálica para que se enfríen. Retire el papel de sus bases.

Una vez fríos, una los pasteles con el glaseado de crema de mantequilla al limón y cubra la superficie con más. Decore con rodajas de limón azucaradas, flores de azúcar amarillas o ambas. También puede usar cáscara de limón rallada si va a servir el pastel enseguida, pero tenga en cuenta que se humedecerá si la deja demasiado tiempo.

Decoraciones

Cuando decore sus *cupcakes* podrá desarrollar toda su imaginación y creatividad. Tras la paciencia y precisión requeridas para crear un bizcocho perfecto y un buen glaseado, puede divertirse eligiendo las decoraciones que completarán su trabajo. Debe pensar qué será lo más apropiado para los *cupcakes* que vaya a preparar para la ocasión y adornarlos de la forma más conveniente. No es preciso que gaste mucho dinero en decoraciones si sabe elegir bien, tampoco es necesario que sea especialmente habilidoso para decorar; puede dejar el producto final tan sencillo o complicado y extravagante como desee.

Casi todo puede utilizarse para decorar pasteles. No siempre necesita ser comestible, puede emplear figuras de plástico o flores frescas (indicando que no deben comerse). Desde hace cinco años es mucho más fácil comprar una amplia selección de decoraciones para pasteles. Muchos supermercados y tiendas especializas disponen de un buen abanico de confites y fideos de azúcar de diferentes colores, bolsas de animales y flores de azúcar, pétalos de rosas y violetas cristalizadas, bolas de azúcar doradas y plateadas, virutas de chocolate, granos de café de chocolate, trufas de chocolate y licor, velas, figuras para coronar los pasteles, así como otras decoraciones.

Tal como mostramos en la receta de *cupcakes* de dulces (*véase* página 102), puede emplear diferentes dulces o preparaciones de chocolate para decorar sus *cupcakes*. En aquellos que se utilizan frutas frescas, puede usar cáscara rallada de naranjas, limones o limas para decorarlos, o fresas o frambuesas enteras.

Una de las ventajas de utilizar un glaseado de crema de mantequilla en sus *cupcakes* es que es mucho más fácil de emplear, pues no cuaja por completo y le proporciona una superficie mejor y más profunda para experimentar. Si no le gusta lo que ha hecho, puede retirar sencillamente las decoraciones y empezar de nuevo. Si descubre que no es demasiado bueno glaseando, puede emplear las decoraciones para cubrir los fallos, simplemente utilice más fideos o bolas de azúcar y nadie lo sabrá.

Si prepara *cupcakes* para niños, es una buena idea dejar que los decoren ellos mismos. Permita que elijan las decoraciones, aunque es preferible utilizar bolitas o fideos pequeños si los niños son pequeños. De esta manera pasarán una tarde entretenida creando algo delicioso.

En el otro extremo de la escala, si va a decorar su propio pastel de boda o el de otra persona, elija cuidadosamente las decoraciones y cómprelas con antelación (a no ser que emplee flores frescas), para no tener problemas el día del montaje.

Sea cual sea el tipo de decoración elegida, recuerde que debe divertirse buscando las más originales e interesantes. Se trata de una elección muy personal, pues a muchas personas les gustan cosas completamente diferentes, así que fíese de su instinto para asegurarse un buen resultado. Hemos descubierto que elegir las decoraciones para nuestros *cupcakes* es una de las cosas más divertidas que hacemos y todavía nos maravillamos cuando encontramos algo nuevo.

Técnicas

Deseamos compartir las técnicas que consideramos más útiles para tener éxito con nuestros *cupcakes* y pasteles a capas.

- Elija los mejores ingredientes que su presupuesto le permita y obtendrá una gran diferencia en el resultado final. Entre ellos se encuentran los huevos orgánicos, la leche entera o semidescremada y mantequilla de calidad. Si su elección es orgánica, descubrirá que el azúcar lustre orgánico no produce la crema de mantequilla cremosa que preparamos. Desgraciadamente queda granulosa en su estado natural, sin color, por lo que es imposible producir los bonitos tonos pastel que preferimos emplear.

- Guardar y almacenar correctamente los ingredientes básicos asegura su longevidad y frescura, especialmente en el caso de aquellos ingredientes que no se emplean regularmente, tales como especias y esencias que permanecen largo tiempo en la alacena puesto que se necesitan muy pequeñas cantidades. Los recipientes de plástico hermético con sistema de cierre clic son los mejores para conservar ingredientes secos, así como para guardar los *cupcakes* terminados durante la noche. Si decide congelar los *cupcakes* sin glasear, hágalo cuando estén completamente fríos. No congele nunca los *cupcakes* glaseados, pues su sabor y textura se estropearían. Si va a hornearlos durante el verano, glaséelos en el último momento y guárdelos en el lugar más fresco.

- Antes de hornear, tenga todos los ingredientes a temperatura ambiente. La mantequilla debe estar blanda, pero no derretida; si deja la cantidad precisa a temperatura ambiente una hora antes de hornear, adquirirá la consistencia perfecta. Asegúrese de que el horno está a la temperatura correcta antes de colocar los pasteles, y no abra la puerta mientras los está horneando.

- Mida correctamente los ingredientes, y no adivine las cantidades, añadiendo algo extra a su antojo. Las balanzas eléctricas son fantásticas, pues pueden pesar ingredientes tanto secos como líquidos.

- Es muy importante que disponga de tiempo y paciencia para hornear y que disfrute realmente de lo que está haciendo. De esta forma sus pasteles quedarán magníficos y todos podrán disfrutarlos, incluso usted.

Utensilios/Equipo

No necesita todos los utensilios de esta lista para hornear unos *cupcakes* perfectos. Esta lista es una sugerencia de algunos de los que creemos que puede encontrar adecuados para hornear. Pensamos que una batidora eléctrica manual es muy útil, pues convierte el proceso en algo fácil y rápido. Son relativamente económicas y fáciles de encontrar tanto en tiendas como online.

Unas buenas balanzas, preferiblemente eléctricas

Cuencos mezcladores grandes

Cucharas para medir

Jarra medidora

Batidora eléctrica manual

Robot eléctrico

Tamiz

Rallador

Moldes para *muffins* (normales y de tamaño pequeño)

Moldes de papel (normales y de tamaño pequeño)

Espátulas

Cucharas de madera

Broqueta para comprobar la cocción de los pasteles

Rejillas metálicas para enfriar

Papel sulfurizado

Película de plástico

Moldes de 20 cm de diámetro de fondo desmontable

Cuchillos paleta o cuchillos planos sin sierra para glasear

Recipientes herméticos

Placas para hornear

Temporizador

Índice

Primrose Bakery
www.primrosebakery.org.uk
Café, cupcakes para encargos, velas, juguetes, cartas,
objetos para la mesa
Primrose Hill: 69 Gloucester Avenue, London NW1 8LD
Tel: 202 7836 3638
email: primrose–bakery@btconnect.com